U0018835

怪咖 心理學

之

史上最ㄎㄧㄤ實驗,
用科學揭露你內心的
真實想法

李察·韋斯曼——著

洪慧芳——譯

HOW WE
DISCOVER
THE
BIG TRUTHS
IN SMALL
THINGS

RICHARD
WISEMAN

QUIRKOLOGY

「那種研究有什麼用？」
這種批評所暗示的意思從未困擾過我，
因為任何活動只要能滿足我的好奇心、激發點子、
讓我們對俗世有新的了解，
我認為都值得。

—————— 史丹利・米爾格倫 Stanley Milgram
／《俗世中的個體》 *The Individual in a Social World*

目次

神奇的Q測試

在我們開始之前，請先花點時間完成以下的測試
以你慣用的那隻手，用食指在額頭上畫「Q」
完成測試有兩種方式，請翻下一頁看說明

TEST

你畫的Q，尾巴可能朝右眼方向撇，這樣的話，你可以看出是Q，但面對你的人看不懂。

你畫的Q也可能是朝左眼方向撇，這時面對你的人就看得懂了，但你看不懂。

我們稍後會發現，你完成Q的方式
透露出你人生一大面向的許多訊息

 **GO**

序論

- Quirkology（怪咖心理學）是什麼？為什麼重要？
- 對泡茶的科學、禱告的力量、水果的個性、以及波浪舞的發起所做的秘密探究。

長久以來，我一直對人類行為的古怪面深為著迷。

大學念心理系時，我在倫敦的王十字車站（King's Cross St. Pancras Station）佇立好幾個小時，找尋剛見到自己的另一半下車的人。他們深情相擁的那一刻，我馬上走過去，啟動藏在口袋裡的碼錶，然後問：「抱歉，你們不介意做個心理實驗吧？從我剛說抱歉這兩個字到現在，過了幾秒？」我的研究顯示，大家沈醉在愛裡時，都會大幅低估經過的時間，就像愛因斯坦說的：「和美女坐一小時，彷彿只過一分鐘，坐在熱爐上一分鐘，彷如過了一小時，這就是相對論。」

在職場生涯中，我一直對心理學比較不尋常的面向充滿好奇。我不是第一位對這種行為檢測法感興趣的學者。世世代代的科學家中，都會出現幾位探索古怪異常事物的研究者。

維多利亞時代特立獨行的科學家法蘭西斯·高爾頓男爵（Francis Galton）可說是這種研究方式的創始人，他畢生幾乎都在研究不尋常的主題。[1] 他暗中偷偷衡量同事演講時聽眾煩躁不安的程度，來客觀判斷同事的演講是不是很無聊。他在口袋裡放著計數器，遊走各大城市的大街，暗中記錄和他擦身

而過的人是美是醜，繪製出英國的「美女地圖」（倫敦素質最好，亞伯丁最糟）。

高爾頓對禱告效果的研究比較有爭議。[2]他假設，如果祈禱真的有效，比多數人禱告更久更認真的神職人員應該會比較長壽才對。他廣泛分析《人物辭典》裡的數百筆資料，結果發現神職人員其實比律師與醫生**短命**，這讓極為虔誠的高爾頓不禁懷疑禱告的力量。

甚至連泡茶這回事也引起高爾頓的注意，他花了好幾個月，以科學的方式判斷泡杯完美好茶的最好方法，還做了一個特殊的溫度計，讓他可以隨時追蹤茶壺裡的水溫。經過嚴謹的測試後，高爾頓的結論是：

……茶壺內水溫維持在華氏180°與190°之間（攝氏82.22°～87.78°），茶葉浸泡八分鐘時，茶的味道最醇，喝起來最香，不會太苦或太淡。[3]

高爾頓很滿意自己的徹底研究，驕傲地宣稱：「茶壺裡沒什麼其他秘密了」。

表面上，高爾頓對無聊、美醜、禱告與泡茶所做的研究看起來可能很多元。不過，這些都是研究人類行為的早期絕佳案例，也就是我所謂的「Quirkology／怪咖心理學」。

簡單地說，怪咖心理學是以科學的方法研究日常生活中比較古怪的面向。過去幾百年來，有少數幾位研究人員已經率先採用這種方式研究心理，但在社會科學中一直沒有獲得正式的

肯定。這些研究人員追隨高爾頓的腳步,勇敢探索主流科學家不敢涉足的領域。他們已經:

■ 研究過足球場中需要多少人才能發起波浪舞。[4]

■ 請人試著記住一萬張照片,以記錄視覺記憶的上限。[5]

■ 找出水果的個性特質(檸檬不討喜,洋蔥看來愚蠢,蘑菇愛攀龍附鳳)。[6]

■ 暗中計算正戴棒球帽與反戴棒球帽的人數。[7]

■ 在超市外捧著捐款箱,衡量要求捐款的方式不同對樂捐金額的影響(光是說「一分錢也能幫上忙」幾乎可讓捐款加倍)。[8]

■ 發現愈接近聖誕節,孩童畫的聖誕老公公愈大,一月時就整個縮水了。[9]

　　過去二十年,我也對人類行為做過類似的古怪研究。我研究過洩露謊言的徵兆,探索出生月份對個性的影響,發掘迅速配對與徵友廣告背後的秘密科學,研究一個人的幽默感透露出內心最深處的哪些想法。有些是暗中觀察大家如何處理日常事務,有些是在藝術展與音樂會中進行不尋常的實驗,甚至在鬧鬼的建築裡舉行假的通靈會。全世界有好幾千人參與這些研究。

　　本書詳細敘述我的探險與實驗,並向上個世紀少數致力研究古怪議題的學者致敬。每一章都揭露人生不同面向背後的秘密心理,包括欺騙、決策、自私、迷信等等。過程中,我們會看到一些我最喜歡的古怪研究,例如拖延車輛等紅燈的時間,再衡量後車按喇叭的次數;研究為什麼姓魚的海洋生物學家

（Dr. Fish）特別多；暗中分析買十樣商品以上、卻到超市快速結帳櫃台結帳的是哪種人；叫人用菜刀砍斷活老鼠的頭：分析自殺率是不是和全國電台播放的鄉村音樂多寡有關；證明十三號星期五的確對你的健康有害。

你即將看到的多數研究，到目前為止都一直收錄在不知名的學術期刊中，這些都是嚴謹的科學研究，很多都對我們的生活方式與社會結構有重要的寓意。不過，和絕大多數心理研究不同的是，這些研究本身有點古怪。有些是使用主流方式研究不尋常的議題，有些是用不尋常的方式研究主流議題，它們都是行為科學家搞怪的結果。

我們就一起來看Quirkology（怪咖心理學）吧！

第 1 章

你的生日究竟透露出哪些相關的訊息？

時間心理學

如何用殺人魔的一生來檢測占星術？

你是真的天生好運嗎？

豪門權貴為什麼要謊報生日？

為什麼有些人會為了節稅而無所不用其極？

美國有近一億人每天看星座分析，六百萬人曾花錢找專業占星家分析個性，[1]所以我們其實可以輕易主張占星術經得起時間的考驗。即使是世界領導人也免不了受到占卜誘惑。雷根總統夫婦就喜歡求神問卜，請占星家幫他們決定政治生涯的種種議題，包括舉辦國際高峰會議的時機、何時發表總統聲明、空軍一號的飛行時刻表等等。[2]

多年來，有些專業科學家已經深入探究人生與生日的關係。他們研究過殺人魔，地毯式分析數百萬美國人的報稅單，檢視超級聯賽足球員的生日，讓兩萬多人上網評估自己的運勢，請四歲小娃預估國際股市動態等等。他們慢慢從研究結果中抽絲剝繭，發現生日在很多方面**的確**會影響我們的思考與行為。

先知與獲利

占星家、投資專家、四歲小女孩和黑猩猩，最後誰能在瞬息萬變的投資市場上獲勝？

　　一八三一年，蘇格蘭知名科學家大衛・布魯斯特勛爵（David Brewster）創立英國科學促進協會（British Association for the Advancement of Science, BAAS）。BAAS享有多項美譽，一八四一年，「dinosaur」（恐龍）一字首次在BAAS的會議中提出。一八六〇年的年度會議中，物理學家奧利佛・洛奇勛爵（Oliver Lodge）率先公開展示無線傳輸。同年，他們也針對進化論，為生物學家赫胥黎（T. H. Huxley）和牛津主教山謬・魏勃弗斯（Samuel Wilberforce，由於教會辯論時他一向滑腔滑調，故有「油滑阿山」的綽號）舉辦一場知名的公開辯論。據說辯論時，魏勃弗斯轉向赫胥黎問到：「究竟是你祖父那一方、還是祖母那一方屬於猿猴的後代？」赫胥黎不為所動，轉向同仁低語：「這真是天賜良機，上帝把他送到我手裡了。」接著他便公開表示，他寧願是猿猴的後代，也不想當主教的後代。

　　每年BAAS都會籌辦為期一週的全國科學慶祝活動。二〇〇一年，他們邀請我做一項實驗參與慶祝。受邀後，我剛好在報上看到一篇報導，提到最新的觀星熱潮：金融占星學。根據

報導，有些算命師宣稱，他們可從公司的成立日期預知未來的財務表現。如果真的是這樣，這消息對全球投資人來說應該意義非凡，所以我決定研究天象是不是真能預測獲利。

這個實驗包括三位受試者：金融占星師、資深分析師與孩童。實驗之前，我們給每個人五千英鎊，請他們在股市裡做最佳的投資，然後我們在一週內追蹤他們挑選的標的，看誰的投資最睿智。

找占星師參與這類研究非常難，大部分的算命仙都不願拿自己的鐵口直斷來測試，有興趣參與者則大多不太願意配合科學實驗的相關條件。不過，打了幾十通電話後，我們找到一位專業的金融占星師，她認為這實驗聽起來還滿有趣的，好心接受了這項挑戰。

另外兩位受試者的招募就簡單多了。上網搜尋一下，打幾通電話，就找到樂意參與實驗的資深分析師。最後，一位朋友的朋友說，他們會問一下女兒想不想當第三位受試者，結果一根巧克力棒就搞定了。四歲女娃緹雅來自倫敦東南區，毫無投資經驗，她湊足了三人實驗小組。英國頂尖投資公司巴克萊券商（Barclays Stockbrokers）同意幫我們審查比賽，我們已經準備就緒。

我們讓三位參賽者任選英國百大企業投資，金融占星家仔細檢視公司的成立日期，迅速投資多種不同的產業，例如通訊與科技類股（伏得風〔Vodafone〕、Emap雜誌集團、巴爾地摩科技公司〔Baltimore Tech〕、培生〔Pearson〕等等）。分析師則是根據過去七年的豐富經驗，決定鎖定通訊業投資（伏

得風、馬可尼〔Marconi〕、大東電報局〔Cable & Wireless〕、保誠〔Prudential〕）。

　　我們希望緹雅完全隨機挑選，她欣然同意採用一種巧妙的挑選法，用梯子和一大疊紙來選。二〇〇一年三月十五日上午十一點五十五分，我在巴克萊券商的大理石大廳裡，顫巍巍地站在一座六呎高的梯子上。緹雅和一小群英國的頂尖投資人耐心站在地板上等候。我一手緊抓著梯子，另一手抓著一百張小紙，每張紙上各列一家公司的名稱。時鐘敲響十二點後，我就把紙張往空中一撒，紙張緩緩飄落，緹雅隨機撿起其中四張。她小心翼翼地把四張紙交給媽媽，媽媽便宣布女兒要投資一家大銀行（蘇格蘭銀行）、高級洋酒集團（帝亞吉歐〔Diageo〕）、金融理財集團（耆衛集團〔Old Mutual〕），以及某大超市連鎖公司（森寶利〔Sainsbury〕）。旁觀者一致鼓掌，緹雅則向這群鼓掌的觀眾行禮致意。

　　為了力求公平，我們允許受試者在實驗幾天後改變投資標的。金融占星師再度觀測天象，換了其中三種選擇，所以她最後的投資組合是工業汽油公司BOC、貝宜系統公司（BAE Systems）、聯合利華（Unilever）與培生。接受記者訪問時，她解釋她挑這些投資，是因為這些公司的背後都有不錯的行星風推波助瀾。[3] 資深分析師還是維持原來的選擇。第二次隨機灑紙後，緹雅挑了景順集團（Amvescap）、貝斯（Bass）、蘇格蘭銀行和哈利法克斯銀行（Halifax）。

　　當週結束後，我們在巴克萊券商會合，檢視結果。那一週碰巧股市異常動盪，世界頂尖企業的市值突然蒸發了數十億。

怪的是，我們的專家都沒看出股災將至，三位投資者都因為這次股市暴跌而虧損。賠最多的是金融占星師，她的占卜決策賠了10.1％。投資專家的虧損率緊接在後，賠了7.1％。績效最好的是緹雅，她只賠4.6％而已。

投資專家並沒有展現出一般投資人常見的樂觀態度，他告訴記者，他原本確信自己會是倒數第一，他一直認為緹雅會贏。[4]占星家則是以星象來解釋她的投資失利，她說早知道緹雅是巨蟹座，她就不會和她比賽了。[5]緹雅對於自己的勝利則是相當謙虛，她說她無法解釋自己是怎麼贏的，她在托兒所裡甚至沒學過科學。[6]

《太陽報》（The Sun）對緹雅的成功很感興趣，在金融版上以全版介紹緹雅，還列出她給股票玩家的三項投資建議：「錢非萬能，但糖果萬能」、「早點睡」、「注意日益成長的兒童玩具市場」。[7]《傑哥厚斗秀》（Tonight Show with Jay Leno）想找緹雅上節目，我猜她是唯一以功課為由婉拒邀請的來賓。

在金融市場中，一週並不算長，所以我們決定持續實驗一年。那年剛好全球市場都表現低迷，市場整體下跌了16％。不過，我們實驗近一年後，請巴克萊券商重新評估三個投資組合的價值。這次的差異更大，投資專家馬克賠了46.2％，金融占星家的績效好一些，但還是虧損6.2％。緹雅再度獲勝，在大盤走跌之際，她依舊獲利5.8％。[8]

投資專家的預期失靈，我一點也不意外，分析師的智慧遭到嚴格檢視與質疑並非頭一遭。瑞典做過一項類似的研究，全

國性報紙給五位資深投資人及一隻名為奧拉的黑猩猩各1250美金。奧拉選股的方式是用飛鏢射斯德哥爾摩證交所上掛牌的公司名稱。一個月後，報社比較每位競爭者的盈虧，奧拉的績效勝過所有投資高手。同樣的，《華爾街日報》也定期請四位投資人各選一檔股票，並使用奧拉的飛鏢法，另外隨機挑選四檔股票，六個月後比較專家選股與飛鏢選股的投資報酬。飛鏢選股通常表現較好，幾乎每次都至少贏一位專家。

　　我的金融占星術測試也不是第一個檢視星象與俗事關係的研究，數十年前就有類似的研究做了一連串罕見的實驗，英國某位多產的心理學家就做過不少。

占星預言

多數相信占星的人都很清楚占星術預估他們「理當」是什麼樣的人，也因此，這樣的心理因素造就他們「應當」有哪類的個性？

　　漢斯‧艾森克教授（Hans Eysenck）可說是二十世紀最有影響力的思想家，一九九七年辭世以前，他也是科學期刊與雜誌最常提及的在世心理學家。艾森克最喜歡的一句話就是：「不能衡量，就不存在。」他畢生致力於量化許多人認為科學無法理解的人類心理層面，例如詩、性行為、幽默、天才等等。不過，他最廣為人知的，或許是他對人類個性的分析，他發明了現代心理學最常用的人格量表。

　　想完全理解艾森克對占星術的研究，需要先了解他在個性方面的研究。艾森克找了數千人填寫問卷，然後用探索人類關鍵差異的強大統計技巧來分析結果，結果發現人的個性不像一開始看的那麼複雜。艾森克發現，人與人之間其實只在幾個基本面有異，他把其中最重要的兩個面向稱為「外向」與「神經質」。艾森克人格量表（Eysenck Personality Inventory）就是用來衡量這些特質，裡面包含約五十項敘述，請填寫者圈選「是」或「否」來表示各項敘述是不是在形容他們。

　　艾森克第一個人格面向是外向，這是指人面對生活的活力多寡。分數高的人即為「性格外向者」，通常比較衝動、樂

觀、開心、樂於與人共處、追求即時享受、朋友圈與人面較廣、比較可能劈腿。分數低的人即為「性格內向者」，比較多慮、壓抑與沈默寡言。生活圈中親近的朋友較少，寧可在家閱讀好書，也不想晚上出門玩樂。多數人是介於這兩種極端之間，艾森克人格量表是以「我是派對靈魂人物」與「我和人群相處自在」之類的敘述來衡量人的內外向程度。

第二個面向「神經質」是和人的情緒穩定度有關。分數高表示比較容易擔心、沒自信、為自己設定不切實際的目標、常心存敵意與嫉妒心。相反的，分數低的人比較冷靜、放鬆、面對挫折比較快復原，擅長運用幽默來減少不安，有時面對壓力反而表現更好。艾森克人格量表是以「我會擔心事情」與「我很容易心力交瘁」之類的敘述來衡量神經質的程度。

根據古老占星術的傳說，黃道十二宮中有六個宮位和外向有關（牡羊座、雙子座、獅子座、天秤座、射手座與水瓶座），另外六個宮位則和內向有關（金牛座、巨蟹座、處女座、天蠍座、摩羯座、雙魚座）。另外，三種土象星座的人（金牛座、處女座與摩羯座）情緒比較穩定踏實，三種水象星座的人（巨蟹座、天蠍座與雙魚座）比較神經質。

為了確定是不是真的這樣，艾森克和備受推崇的英國占星家傑夫·梅約（Jeff Mayo）合作。幾年前，梅約創立梅約占星學院，馬上就從全球招收到許多學生。兩千多位梅約的客戶與學生都報上生日，填寫艾森克人格量表。懷疑占星術的人預期，研究結果會顯現受試者的個性與古老的占星學毫無相關。支持占星術的人則認為，出生時的星象位置對人的思考與行為

肯定有影響。

後來懷疑論者意外發現，研究結果和占星傳說完全相符。出生星座和外向有關的人的確外向分數較高，水象星座者的神經質指數的確比土象星座者高出許多。[9]占星期刊《現象》（Phenomena）表示，這些發現「可能是本世紀占星術最重要的發展」。[10]

艾森克後來發現，受試者原本就很相信占星術，他反而開始起疑。多數相信占星者都很清楚占星術預估他們**理當**是什麼樣的人，艾森克懷疑這樣的想法破壞了研究。他的研究結果會不會是因為受試者認為他們應該具有哪類星座個性的緣故？他的顯著研究結果會不會是心理因素造成的，和出生時的星象無關？

艾森克又做了兩個實驗探討這個想法。第一個實驗對象是比較不可能聽過個性與星象關聯的人：一千名兒童。這次的結果截然不同，和占星傳說預言的型態不符：孩童的外向與神經質程度完全和星座無關。艾森克為了完全確定結果，又對成人進行第二次的生日與個性研究，也衡量他們對占星術的了解。很清楚星座對個性有哪些影響的人，測驗結果的確和占星術預言的型態相符。相反的，坦承不懂星座的人則不會出現什麼型態。結論很明顯了。出生時的星象位置對個性並沒有神奇的影響。許多很清楚個性與星座關聯的人，已經變成占星家所預言的樣子。[11]艾森克在探討科學與占星術的大會上提出後續的發現，後來為他做傳的作家提到當時的情況：「……有些占星家反應激烈，他們認為艾森克原先支持他們，讓他們相信他，之

後才提出一些不堪的事實出賣他們。」[12]

　　這並不是唯一一次研究人員發現證據顯示，人變成他們**應當**變成的樣子。一九五〇年代，心理學家古斯塔夫‧賈霍達（Gustav Jahoda）研究迦納中部阿善提人的生活。根據傳統，每位阿善提孩童依據他們出生的日子都有一個教名，每一天都和一套個性特質有關。週一出生的人叫奎杜沃（Kwadwo），一般認為他們的個性安靜、羞怯、平和。週三出生的小孩稱為奎庫（Kwaku），一般認為他們比較調皮搗蛋。賈霍達想知道這些早期分類會不會對阿善提孩童的自我形象與生活產生長期的影響。為此，他檢視少年法庭的記錄，觀察每週不同日出生者出現的頻率。結果顯示，這種生日分類法會影響孩童的行為。在少年法庭的記錄中，奎杜沃出現較少，奎庫較多。[13]

　　艾森克的研究結果改變了數百萬人對星象的信念嗎？顯然沒有。許多支持占星者主張，星座只是個性的大略指南而已，必須仔細研究出生的時辰才能得出精準的結果，這種說法廣受全球各地研究人員的關注。

時間雙胞胎與波哥小丑

占星如果真有其事，那麼同時辰在相同地方出生的人，就可說是「時間雙胞胎」，個性與命運應該會近乎一模一樣才對。真是如此嗎？

英國研究人員傑弗瑞・迪恩（Geoffrey Dean）講起話來輕聲細語，個性和善，畢生致力收集與比較有助於評估星象對人類行為潛在影響的資訊。他的研究立場相當獨特，因為他是全球極少數曾經以專業占星師為業的研究人員。

二〇〇〇年，我受邀到澳洲的國際科學大會演講，很高興看到傑弗瑞也出現在演講名單中。傑弗瑞演講時，他提到最近手邊最大的專案，他把這項研究稱為占星術的「決定性試驗」。這項專案和許多妙點子一樣都很簡單。占星家認為，出生時的星象位置可預測人的個性與人生的關鍵事件。如果真的是這樣，同時刻在相同地方出生的人，應該個性與命運會近乎一模一樣才對。事實上，傑弗瑞指出，他們應該是「時間雙胞胎」。

有些觀察證據支持了這個想法。一九七〇年代，占星研究人員探索出生資料庫，發現有些生日才差幾天的人有意外相似的人生。例如，法國冠軍單車手保羅・夏克（Paul Chacque）與里昂・列維（Leon Lével）分別生於一九一〇年的七月十四日與十二日。一九三六年，他們的成績都很亮眼，夏克在環法

自行車大賽的波爾多—巴黎區段中獲勝，列佛贏得同一場比賽的兩個山區路段。一九四九年三月，列佛在王子公園體育場的賽道上意外頭部受傷身亡。同年九月，夏克也在同一賽道上因類似的意外身亡。[14]

　　這類案例看起來很詭異，很可能只是巧合，所以傑弗瑞決定對大家宣稱的現象進行更系統化的研究。他設法找到一個資料庫，內含一九五八年三月三日到九日之間在倫敦出生的兩千多人詳細資料。這個資料庫是一群研究人員為了研究這些人的人生而匯集的，裡面有他們十一、十六與二十三歲時做的智力測驗與人格量表結果。每個人出生的確切時間都有詳細的紀錄，有七成的人出生時間相隔不到五分鐘。傑弗瑞按他們的出生順序排列，依序計算兩兩一組之間的相似度。懷疑者與支持者又再次對他的研究結果做出兩極化的預測。懷疑者認為名單上每組人的測試結果毫無關聯。占星家則預期會出現類似同卵雙胞胎個性非常相似的情況。

　　這次懷疑者猜對了，傑弗瑞發現沒多少證據可以證明時間雙胞胎之間的相似點。一九五八年三月四日十一點零五分出生的人和出生時間跟他差不多的人相比，並不會比落後他幾天才出生的人更相像。[15]

　　傑弗瑞做了許多類似的測試，結果都有一個共同點：沒有研究可以支持占星術的說法。[16]所以傑弗瑞常形容自己是「占星界最痛恨的人」，現代的占星師也把他視為占星界的叛徒，因為他變節公開宣稱自己懷疑星象對人生的影響。

　　傑弗瑞的研究方法和艾森克很像，他們通常是從大量資料

中搜尋占星術預言的型態。不過，這並不是測試占星預言的唯一方法。其他研究人員也檢視過個別占星家的主張，其中最少見也最驚人的例子，是一九八〇年代末期一群美國研究人員在一篇標題聳動的文章中提到的「死囚占星術」。[17]

研究人員先找出連續殺人犯約翰·蓋西（John Gacy）的出生時間、日期與地點，蓋西因凌虐與殺害三十三名男子與男孩而被判十二個死刑與二十一個無期徒刑。他閒暇時如果裝扮成波哥小丑（Pogo）到兒童生日派對中表演，可能會讓人聯想到「邪惡」的小丑。一位研究人員拜訪五位專業占星家，把蓋西的資料當成自己的資料，還跟每位占星家說他很有興趣和年輕人共事，請占星家幫他解析個性及指點職場迷津。結果所有占星家都看走眼了，其中一位鼓勵他和年輕人共事，因為他可以「啟發他們最好的特質」。另一位占星師分析完資訊後，自信滿滿地預測，這位研究人員的一生將會「非常非常光明」。第三位說他「善良、溫和、體貼他人的需求」。

艾森克、傑弗瑞與其他研究人員的研究顯示，占星預言通常不準。這下我們就更難以理解了，為什麼還有那麼多人相信占星術？

伯特倫·弗爾教授
與夜店筆跡學家

> 從星座、筆跡,可以判斷一個人的性格嗎?其實,只要非常概略地描述對方的性格,受測者的大腦就會讓他們誤以為這些見解獨到深刻。

　　一九四〇年代末期,伯特倫·弗爾教授(Bertram Forer)忙著設計新奇的方法來衡量性格。某晚,弗爾去一家夜店,有一位筆跡學家走過來,說他可以根據弗爾的筆跡判斷他的性格。弗爾婉拒了,但是這次偶然的機會讓他想要探索,為什麼很多人那麼相信占星家與筆跡學家。弗爾其實可以繼續做他的正規學術研究,但是他太好奇了,決定做一個不尋常的實驗。結果這項實驗讓他聲名大噪,即使後來大家已經遺忘他在性格方面的主流研究,但大家都還記得這項實驗。

　　弗爾讓上他基礎心理學的學生完成性格測驗。[18] 一週後,他發給每位學生一張紙,告訴他們上面有根據他們的測驗分數得出的簡短性格說明。弗爾請學生仔細看說明,針對說明的準確度在紙上打分數,0代表不準,5代表很準。接著他說,如果他們覺得測驗的確衡量出他們的性格就舉手。

　　現在我們讓時間倒流,回到測驗的時候。以下是弗爾後來發給學生的其中一種說明,請讀一遍,看看這段內容用來形容

你的性格準不準：

> 你需要別人喜歡與欣賞你，但你通常對自己很嚴苛。你雖然個性上有缺點，但通常會加以彌補。你有很多實力沒有好好發揮成你的優勢。你外在的表現很有自律也很自制，內心比較焦慮不安。有時候你會懷疑自己是不是做對決定或做對事情。你比較喜歡有一點改變與多樣性，受到拘束或限制時，你會感到不滿。你覺得自己是獨立思考者，並為此感到自豪。在沒有令人滿意的證據下，你不接受別人的說詞。你也覺得對別人太坦白是不智的。有時你是外向、好親近、和善的，有時你比較內向、謹慎、沈默寡言。你有些夢想比較不切實際。

弗爾的學生看完描述，打了分數，結果大家紛紛舉手。沒多久，弗爾很驚訝地發現，幾乎所有學生都舉手了，弗爾為什麼會那麼驚訝？

就像一些心理實驗一樣，弗爾並沒有完全誠實地面對學生。他發給他們的性格描述並不是根據他們的測驗成績做的，而是節錄自幾天前他順手在書報攤買的星座書。更重要的是，**每個學生都是拿到同一張性格說明**，就是你剛剛看過的內容。

弗爾只不過看了一遍星座書，從不同的星座說明中挑出約十句，湊成一段文字。雖然學生拿到的都是一樣的性格說明，但87％的學生打的分數是4或5，這表示他們覺得描述很準。弗爾自創的這段文字後來聞名全球，很多心理實驗與電視節目

都用過。

　　弗爾的研究結果解開了他碰到筆跡學家以來一直難以理解的疑惑。占星術與筆跡學其實沒必要準確就可以**看起來**很準。只要非常概略地描述對方的性格，他們的大腦就會讓他們誤以為這些見解獨到深刻。

　　弗爾做完研究後，馬上告訴學生他們拿到的是一模一樣的性格描述，解釋他的實驗「充分展現大家很容易過於相信含糊的敘述」，他也指出「這種情況與江湖術士的相似之處」。弗爾的學生對於自己受騙上當並沒有不太高興，很多學生還給予實驗高度的評價，甚至向弗爾要了一份性格敘述，想對朋友玩同樣的把戲。大多數的心理學家可能實驗就到此結束，但弗爾還設了最後一計，進一步拐騙他的學生。

　　弗爾想知道學生是不是希望認為自己是機靈聰明的。如果是，他們接受模糊的性格描述不就是質疑這種自我認同嗎？此外，他們會不會不願坦承真實的自我，乾脆直接否認自己曾被實驗騙過？

　　三週後，弗爾告訴班上的學生，他不小心把他們的名字從評分表格中刪除了，請他們誠實照當初為敘述打的分數再填一次。其實他並沒有弄丟名字，所以他可以比較每位學生原本打的分數及後來坦承受騙後所打的分數。有一半**原本認為**敘述「很準」（打最高分5）的學生，後來表示其實不是那麼回事，他們說自己原本給的分數較低。看起來容易受騙上當的人寧可欺騙自己，也不願坦然面對自己容易受騙上當的事實。

1-5

費尼爾司・泰勒・巴納姆登場

心理學家把已被處決的連續殺人魔生日資料寄給星座電腦解盤公司，解盤結果是：「他看起來可能是服從社會規範、守規矩、有道德感的人，是有為正派的中產階級。」

　　一九五〇年代，心理學家保羅・米爾（Paul Meehl）以美國馬戲團藝人費尼爾司・泰勒・巴納姆（Phineas Taylor Barnum）的名字，為弗爾率先發現的結果取了一個名稱：巴納姆效應（The Barnum Effect）。巴納姆曾說過，優秀的馬戲團應該有各種本事取悅每個人。多年來研究顯示，幾乎每個人都容易出現巴納姆效應，不分男女老幼，不管是相信或質疑星座的人、學生、甚至人事經理都一樣。[20]

　　法國研究人員米歇爾・高格林（Michel Gauquelin）所做的後續研究是其中最有趣的一個。[21] 他把法國知名殺人魔馬塞爾・波帝歐醫生（Marcel Petiot）的詳細生日資料寄到一家公司，那家公司宣稱可以用高科技的電腦算出很準的星座解析。二次大戰期間，波帝歐告訴受害者，他可以幫他們逃離納粹佔領的法國，結果卻是幫他們注射致命的毒藥，看他們慢慢死去。波帝歐後來被判犯下十九宗命案，一九四六年遭到斬首處決。電腦化星座解盤完全沒算出波帝歐人生的可怕面向，而是算出跟弗爾所用的言詞一樣無關痛癢的巴納姆式敘述，如下所示：

他適應力好、可塑性高的個性會在技巧與效率中表露無遺，他會朝秩序、控制與平衡展現活力。他在社交、物質與智慧上都條理分明，看起來可能是服從社會規範、守規矩、有道德感的人，是有為正派的中產階級。

一九四六年波帝歐就遭處決了，但是星座解盤仍預言一九七〇至一九七二年間，他會「想對感情生活做出承諾」。

高格林靈機一動，在知名報紙上刊登廣告，提供免費的電腦化星座解析。法國各地有一百五十多人回應，高格林把波帝歐的星座解盤結果寄給每個人，也請他們針對星座解析的準確度打分數。94％的收件者表示很準，有一人還寫信告訴高格林：「這機器算出的結果太棒了……我覺得非常特別。」另一人寫到：「電腦可以算出人的個性與未來，實在是太令人匪夷所思了。」有些人覺得太準，甚至還想付費取得更詳細的分析。

所以為什麼那麼多人會被這些敘述所騙？

他們之所以認同這些敘述，是因為這些說法對絕大多數的人來說都是真的。畢竟，誰不曾對重要決策感到迷惘？誰不希望別人欣賞自己？誰不想尋求安全感？即使是有特定意義的敘述，對很多人來說也可能是真的。幾年前，心理學家蘇珊·布拉克摩爾（Susan Blackmore）對六千多人進行調查，問他們一些算命時會出現的特定敘述，例如「你家有人叫傑克」等等。[22] 結果她發現，三分之一的人左膝蓋有疤，三分之一的人擁有韓德爾水上音樂的錄音帶或CD，五分之一的人家裡有人叫「傑克」，十分之一的人前一晚夢見多年沒見的人。許多巴納姆

式敘述似乎都是正確的，因為多數人的想法與行為都很容易猜中。

另外還有所謂的諂媚效應（flattery effect）。人大多很樂於相信讓他們看起來更正面的事，所以他們會認同自己還有許多實力尚未發揮、或自己是獨立思考者之類的敘述。這種效應說明了為什麼會有大半的人特別相信占星。黃道十二宮傳統上分成六個「正向」星座（牡羊、雙子、獅子、天秤、射手、水瓶）與六個「負向」星座（金牛、巨蟹、處女、天蠍、摩羯、雙魚）。正向星座的相關特質通常比負向星座的特質有利。一般認為天秤座的人追求和平與美感，金牛座的人比較重視物質面、容易不滿。威斯康辛大學的心理學家瑪格麗特・漢彌頓（Margaret Hamilton）請大家說出生日，並以零到七分來衡量自己相信占星的程度。結果就像諂媚效應所預期的，正向星座的人比負向星座的人更可能相信星座。[23]

弗爾與後續追隨他所做的研究證明，幾千年來星座已經欺騙了數百萬人。占星家胡說八道時，只要說得夠模糊諂媚，多數人都會覺得「很準」。所以，既然支持占星術的科學證明不多，我們很容易就推斷生日其實和科學毫無關聯。

是很容易，但卻是錯的。

時間與心理的科學研究

一位科學家完全不帶任何時鐘進入不見天日的地底冰穴，兩個月後，他判斷時間的能力嚴重受到扭曲。這清楚證明日光幫我們維持正確的生理時鐘運作。

　　時間心理學是研究時間與心理的科學新領域，目前還是比較令人費解。這領域的研究大多和晝夜節律、輪班工作，以及時差有關。

　　一九六二年，法國洞窟探險家與地質學家米歇爾‧西佛（Michel Siffre）決定完全在地面下待兩個月，追蹤冰河在地下冰穴的移動。[24] 西佛並沒有枯坐在那裡測量、閒得無聊，而是善用地下獨處的時間，進行獨特的實驗，研究時間的心理學。西佛沒帶任何時鐘進入洞穴，他逼自己完全靠生理時鐘來決定何時睡覺與何時清醒。西佛和外界的唯一聯繫方式是電話，他可以直接打給地面上的研究團隊。每次要睡覺與睡醒時，他就打電話給研究團隊。有時清醒的時候，他偶爾也會打打電話。每一次地面上的研究人員都不向他透露真正的時間。西佛在地底375英尺的小型尼龍帳篷內，度過不見天日的六十天，他的電話記錄顯示，他判斷時間的能力嚴重受到扭曲，到實驗最後，他打電話到地面時還會堅信他一個小時前才打過電話，但事實上已經過了好幾個小時了。兩個月後離開洞穴時，西佛認為實驗提早結束，他覺得自己只過了三十四天而已，這

項實驗清楚證明日光幫我們維持正確的生理時鐘運作。

其他的時間心理學研究則是探討減少時差影響的方法。時差或許是現代人生理時鐘最常碰到、也最煩人的干擾。這項領域中最罕見也最有爭議性的研究之一，是一九九〇年代末期由康乃爾大學的史考特・坎貝爾（Scott Campbell）與派翠莎・墨菲（Patricia Murphy）所做的實驗，他們以光線照射人的膝蓋背後。[25] 之前的研究顯示，以光線照射人的雙眼，可以欺騙大腦加速或減緩生理時鐘的運作，進而減緩時差的影響。坎貝爾與墨菲想知道，人體的其他部位能不能察覺相似的訊息，由於膝蓋背後有很多靠近皮膚表層的血管，他們決定利用特殊設計的鹵素燈照射那一區來驗證他們的推測。在小規模的研究中，他們發現證據顯示，照在膝蓋背後的光線和直射雙眼的光線一樣，都可以改變生理時鐘的運作。

所以占星術的根本概念和這個有趣的科學研究有什麼關係？並非所有時間心理學都是和在洞穴裡度過以及用光線照射膝蓋背後有關。這個令人費解的學術領域還有另一個分支，有一小群科學家致力於研究生日可能對人的思考與行為產生的隱約影響。

荷蘭心理學家艾德・杜鼎克（Ad Dudink）的研究充分證實了這支少見的行為學派背後的概念。[26] 杜鼎克分析近三千位英國專業足球選手的生日後發現，九到十一月間出生的人數是六到八月間出生人數的兩倍。看來似乎生日可以預期人在運動方面的成就。有些人可能會把這項研究結果當成占星術的有力證據，指出處女、天秤、天蠍與射手座等星座有助於塑造成功的

運動員。不過，杜鼎克的發現還有一種更有趣與實在的解釋方法。

一九九〇年代初期杜鼎克做此研究時，英國足球新秀在賽季開始的時候（八月），至少必須年滿十七歲才有資格參加職業足球賽。所以，九至十一月間出生的潛在選手會比六至八月間出生的選手大十個月，身體也比較成熟。在踢足球所需的體力、耐力與速度方面，多這幾個月可說是額外的優勢，所以九至十一月間出生的人比較可能獲選加入職業足球隊。

多年的研究也為多種不同的運動領域提供大量的證據。不管運動季是什麼時候開始的，都會有較多選手的出生月份落在賽季開始的前幾個月，舉凡美國大聯盟棒球賽、英國縣郡板球賽、加拿大冰上曲棍球賽、巴西足球賽等等，球員出生的月份都和他們的比賽成績有關。[27]

這種時間心理學效應不只發生在專業運動員身上，也影響每個人人生的一大關鍵要素：運氣。

怪咖心理學之
史上最ㄎㄧㄤ實驗，用科學揭露你內心的真實想法

天生好運？

為什麼有些人總是在對的時候出現在對的地方，有些人卻是衰事連連？人可以改運嗎？哪些月份出生的人比較好運？為什麼？

　　你運氣好、還是運氣差？為什麼有些人總是在對的時候出現在對的地方，有些人卻是衰事連連？人可以改運嗎？十年前，我決定研究運氣心理學來回答這些有趣的問題，為此我已經和一千位來自各行各業的幸運兒與不幸者合作過。[28]

　　幸運者與不幸者的人生差異很明顯。幸運的人似乎總是在對的時候出現在對的地方，喜從天降，人生總是受到上天的眷顧。不幸的人剛好相反，他們的人生往往充滿失敗與失望，他們相信自己的不幸都不是自己造成的。蘇珊可說是研究中最不幸的受試者之一，她來自黑潭市，現年三十四歲，擔任看護助理，感情路一直非常不幸。有一次她和某人相親，對方騎摩托車來相親的途中發生車禍，摔斷兩條腿。下一個相親對象則是撞上玻璃門，鼻子斷了。幾年後，她找到結婚對象，婚禮教堂卻在她的大喜之日前一天遭人縱火焚毀。蘇珊也碰過許多驚人的意外，其中一段最不幸的經歷，是她在五十英里的旅程中就發生八次車禍。

　　我想知道運氣好壞是偶然的，還是可以用心理學來解釋這些截然不同的人生，所以我設計了一系列的研究來調查。在其

中一個特別令人難忘的研究中，我拿報紙給一些受試者看，請他們看完後告訴我裡面有幾張照片，我沒告訴他們我在中間穿插了一個意外的機會。這個「機會」佔了半個版面，以超大的字體寫著：「告訴研究人員你看到這個，就可以贏得一百英鎊。」不幸的人通常都太專心計算相片，沒注意到這個機會。相反的，好運的人比較放鬆，看的面向較廣，會發現有機會可以贏得一百英鎊。這個簡單實驗可以看出幸運者如何善用意外的機會來幫自己開運。

像這樣的結果顯示，受試者因為思想與行為不同，而為自己帶來大部分的好運與壞運。幸運者比較樂觀、積極、樂於接觸新的機會與經驗。相反的，不幸的人比較孤僻、笨拙、對人生感到不安、不願善用突然降臨的機會。

最近我做的研究也跟時間心理學有關，是探討俗話說有些人天生好運是否屬實。[29]這項專案的緣起，是二〇〇四年瑞典于默奧大學醫院的捷安堤·邱泰教授（Jayanti Chotai）寄給我一封古怪的電子郵件。

捷安堤的研究大多是探討出生日期與心理及身體健康的關係。捷安堤做過一項研究，請兩千人填寫問卷，衡量他們自認喜歡追求刺激的程度，然後看問卷的得分與出生日期之間是否有關。[30]尋求新奇刺激是性格的基本面向，喜歡尋求刺激的人無法忍受看過的電影，喜歡和不按牌理出牌的人共處，對登山或高空彈跳等危險運動很感興趣。相反的，不愛尋求刺激的人喜歡一再欣賞同一部電影，喜歡老朋友令人放鬆的熟悉感，不喜歡到沒去過的地方。捷安堤的研究結果顯

示，喜歡尋求刺激的人通常生在夏天，比較喜歡熟悉事物的人比較可能生在冬天。

捷安堤在電子郵件中表示，他看過我在個性與運氣的關聯上所做的研究，想知道是不是有些人真的天生好運。這是個有趣的想法，所以我們決定聯手探索這種說法是否真有幾分道理。

捷安堤之前的研究顯示，出生月份和個性之間真的有關，但關係不大。為了查出很小的關聯，需要進行數千人的研究才行，我們也知道這並不容易。找幾百位學生參與研究通常就已經很難了，更何況我們如果想找出蛛絲馬跡，還需要從各行各業找來數千人才行，還好我們就近找到了幫手。

蘇格蘭舉辦的愛丁堡國際科學展是全球歷史最悠久的科學展之一，也是歐洲規模最大的。我們把實驗納入科學展中，就很有可能吸引大量的受試者參加。科學展的主辦單位也准許我們進行研究，我們架設了一個簡單的網站，讓大家輸入生日，回答我設計的統一問卷來評估他們的運氣。

進行大型公開實驗總是充滿不確定性，它不像實驗室的研究一樣，你只有一次機會把它做好，你也不知道大家願不願意花時間參與。不過，我們的研究吸引了大家的關注，馬上傳遍全球。網站上線才幾個小時，就已經有數百人上網。科學展結束時，我們已經收到四萬多人的資料。

結果相當明顯。捷安堤已經發現夏天出生的人比較樂於冒險。我們實驗的結果顯示，夏天出生者（三到八月）也比冬天出生者（九到二月）覺得自己幸運。十二個月份出生者自認的

幸運度呈波浪狀，五月最高，十月最低（如下圖所示）。只有六月和整體型態不符，我們把它歸為統計偏差。

　　這種現象有許多種可能的解釋，很多說法都是和冬天的溫度比夏天低有關。或許冬天出生的嬰兒碰到的環境比夏天出生的嬰兒辛苦，他們和看顧者比較親近，所以比較不愛冒險，人生比較不是那麼幸運。或許在嚴冬生產的婦女和夏天生產的婦女攝取的食物不同，所以孩子的個性也不同。不管是什麼原因，這種效應理論上很有趣，表示出生時的溫度對個性的發展有長遠的影響。

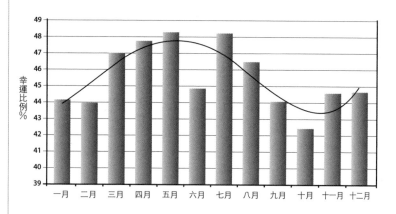

天生好運的實驗結果：每個月出生的幸運者比例

　　但是在接受任何溫度相關的解釋以前，我們應該先排除其他可能的機制影響。或許這種效應和溫度無關，而是和會隨著月份變化的其他因素有關。支持占星術的人可能會主張，天象會影響個性，夏天時行星與星星的排列讓人注定擁有比較幸運的人生。

怪咖心理學之
史上最ㄎㄧㄤ實驗，用科學揭露你內心的真實想法

　　評估各種說法的唯一方式，就是到溫度與月份關係不同的地方重新做一次研究。如果與溫度有關的說法是正確的，比較溫暖的月份應該還是和比較幸運的出生日期有關。如果星座的說法是正確的，那麼五、六、七等月份應該就是幸運月。

　　南北半球的溫度與月份關係正好和北半球相反。北半球六月炎熱，十二月寒冷。南半球六月是冬天，十二月炎熱。所以我決定到地球的另一端重做一次實驗，比較溫度與占星這兩種解讀「天生好運」的說法。

　　但尼丁市位於紐西蘭東南岸，二年舉辦一次科學展。二〇〇六年，我收到紐西蘭科學展主辦單位的來信，他們聽說需要在南半球重做一次「天生好運」的實驗，想知道我願不願意在他們的科學展再做一次研究，我很快就前往紐西蘭了。

　　紐澳兩地的全國媒體都報導「天生好運2」的實驗，幫我們吸引大家上另一個特別設計的網站。幾天內就有兩千人提供他們的生日月份及評估他們的人生幸運度。實驗結果支持溫度相關的說法，在南半球夏天（九至二月）出生的人比冬天出生的人（三到八月）覺得自己比較好運。這次十二個月份的比例也是呈現波浪狀，不過這次的高峰在十二月，低點在四月。

　　「天生好運」之類的研究顯示，出生月份對人的行為有細微但實質的影響，不過其他研究人員也研究過完全相反的效應，也就是說，人們的行為會影響他們對外所宣稱的生日。

逃稅與撒謊神職人員的時間心理學

能夠跟名人或重要節日同一天出生，會讓很多父母覺得「與有榮焉」。因此這些特殊日子的出生率，真有比平常日子高嗎？

　　美國賦稅系統的設計，讓十二月三十一日出生的孩子可享前十二個月的兒童福利金，但一月一日出生的小孩則不行。因此，預產期如果是在年底，父母就有很大的財務動機，希望孩子是在十二月三十一日的午夜之前出生。雖然家長無法精確預期自然生產的日期，但是他們可以用催生或剖腹生產的方式操控孩子的生日。

　　家長真的會為了兒童福利金而操弄孩子的生日嗎？為此，雪城大學的史黛西‧迪可‧柯倫（Stacy Dickert-Conlin）與肯塔基大學的艾迷塔‧錢德拉（Amitabh Chandra）分析一九七九與一九九三年間的出生記錄，[31] 鎖定十二月最後七天與一月最初七天來研究。他們發現每年十二月底出生的人數激增，只有一年例外。

　　於是他們更深入探索資料，了解這種不尋常的型態是不是因為父母貪圖較多兒童福利金所造成。他們鎖定近兩百位元旦前後一週出生的新生兒，仔細分析他們個別家庭的狀況。針對

每位嬰兒算出兩個數字：十二月出生的福利金與一月出生的福利金。結果顯示，嬰兒於十二月最後一週出生的家庭，比嬰兒於一月第一週出生的家庭獲得更多的財務補助。這就是決定性關鍵：有力的統計數據證實，家長會為了財務收益而操弄孩子的出生日期。

操弄生日當然還有更簡單的方法，不必用催生或剖腹生產的方式，那就是說謊！

美國演員露西爾‧鮑爾（Lucille Ball）曾說過一句名言，永保青春的秘訣在於「誠實生活、緩慢進食、謊報年齡」，這點她當然很清楚。鮑爾的真實生日是一九一一年八月六日，但是整個演藝生涯中，她幾乎都是宣稱自己生於一九一四年。鮑爾當然不是唯一謊報年齡的好萊塢明星。南西‧雷根（Nancy Reagan）也宣稱自己比實際年齡小兩歲，甚至在自傳中打上錯誤的生日。好萊塢喜劇明星葛蕾西‧艾倫（Gracie Allen）對年齡更是保密，連和她一起同台表演的丈夫喬治‧伯恩斯（George Burns）也不知道她的真實生日。許多資料宣稱艾倫生於一八九四、一八九五、一八九七、一九○二或一九○六年的七月二十六日。艾倫終其一生都宣稱她的出生證明在一九○六年的舊金山大地震中毀了，但是地震其實是在她宣稱的生日**之前**的幾個月發生的。有人對她提出這個矛盾時，據說她表示：「嗯，那是個非常大的地震。」

動這種小手腳的背後心理並不難理解，在特別重視年輕美貌的社會裡，許多人都希望自己看起來比實際年輕。但是社會上赫赫有名、理當正派的人物是不是也會對出生**日期**動手腳？

為此，加州大學戴維斯分校的艾柏特‧哈里森教授（Albert Harrison）與同事仔細研究了好幾冊《名人錄》（Who's Who）與《先人傳記》（Who Was Who）內收錄的九千多份傳記資料，計算在美國眾所皆知的日期（美國國慶七月四日、聖誕節十二月二十五日、元旦一月一日）當天或前後三天出生的人數。[32] 光就機率來看，大日子當天出生的名人比例應該和大日子前後三天出生的比例差不多才對。不過，奇怪的是，統計數字顯示，在美國國慶日、聖誕節或元旦出生的人數比這些日子前後三天的任一天還多。出現這種分佈的機率是數百分之一，這表示有些名人謊報生日給傳記作者，以便讓自己和舉國同慶的日子產生關聯。

　　哈里森認為這種效應是源自於一種不尋常的心理現象，名為「與有榮焉感」（Basking In Reflected Glory），很多研究人員將它簡稱為BIRG效應。

　　BIRG很常見，我們常聽人驕傲地說他們和某位名人同校畢業，或率先看過剛得奧斯卡獎的影片「你猜昨天誰搭我的計程車？」（Guess who I had in the back of my cab yesterday？），甚至還會影響我們的日常用語。心理學家暗中研究大學校園的對話，發現學校的足球隊贏球或輸球時，學生的反應差異最大。大家都急著想沾球隊贏球的光（「**我們贏了**」），也急著撇清球隊輸球的事實（「**他們輸了**」）。哈里森認為豪門權貴想謊報生日，就是為了和眾所皆知的大日子產生與有榮焉的感覺。觀察到的證據也支持這樣的解讀方式。全球知名的爵士音樂家路易士‧阿姆斯壯（Louis Armstrong）

宣稱自己生於七月四日，但是音樂史學家泰德‧瓊斯（Tad Jones）檢查阿姆斯壯的出生記錄時發現，他其實生於八月四日。哈里森教授的研究結果顯示，名人謊報生日的案例絕不只這一樁。

　　為了進一步追查《名人錄》與《先人傳記》裡的BIRG效應，哈里森和他的團隊把焦點鎖定在顯然和其中一個大日子最有關聯的職業：神職人員與聖誕節。他們回溯過去的資料，把神職人員分成兩組：主教或更高階者屬於「知名神職人員」，其他人則屬於「不知名神職人員」。光就機率面來看，我們可能會預估兩組人員中，聖誕節出生的比率應該差不多。但事實上，知名神職人員宣稱自己和耶穌同一天生的人數比不知名者還多。或許這也支持神職階級愈高、愈覺得自己需要接近耶穌的想法。

　　也許我們對哈里森分析的知名神職人員太苛刻了一點。就好像有些父母會改變孩子的出生日期來節稅一樣，有些人可能很想看孩子出人頭地，所以刻意謊報孩子的生日，讓他們的生日看起來更有利。現代人是到醫院生產，比較難謊報出生的日期，但以前的父母是口頭向戶政單位報戶口，比較容易欺騙。知名推理作家喬治‧奚孟農（Georges Simenon）的母親就坦承做過這種事，奚孟農的生日原本是一九〇三年二月十三日星期五，但她早報一天，因為她覺得對可愛的新生兒來說，給他十三號星期五的命運太殘忍了。如果這種解讀方式可以成立，我們推測高階神職人員比低階神職人員更可能說謊就是錯的，那可能表示，高階神職人員的**父母**比較會謊報生日。或許這也

是極少數支持聖經概念「父罪子償」的實證例子之一。

有些研究人員如今認為，家長說謊或許可用來說明數十年來科學家一直難以理解的謎題：「火星效應」（The Mars Effect）。

火星效應

有些家長一心想看子女出人頭地，所以刻意謊報生日，讓他們的出生日期在占星分析上看似吉兆。

　　法國研究人員高格林除了把殺人魔的星座解盤大量寄給無知的大眾外，他也驗證過占星術的許多面向。根據占星傳說，在某些行星高掛天際時出生就是好兆頭，表示以後在職場上將會出類拔萃。一九五〇年代，高格林為十九世紀法國傳記字典中收錄的一萬六千人排出星盤，以驗證上述說法的準確度。結果他驚訝地發現，他們出生時，某些行星的確比較可能高掛天際。這個證據後來稱為「火星效應」，連最懷疑的思想家也為此困惑了五十多年。一位研究人員指出：「說一切都以它為準可能也不為過。」艾森克指出，如果「當時出現了任何造假的結果，那麼，支持占星術的正面證據就相對減弱了。」[33] 後來二〇〇二年，研究「時間雙胞胎」的傑弗瑞·迪恩做了一項令人矚目的科學研究。[34]

　　十九世紀期間，法國很多上流社會的人都很相信占星術，他們可以看流行的曆書，曆書上會顯示每天行星的確切位置。此外，父母也是口頭向戶政單位申報子女的出生時辰與日期，不是由醫生與助產士精確記錄。迪恩發現證據顯示，有些家長一心想看子女出人頭地，所以刻意謊報生日，讓他們的出生日

期在占星分析上看似吉兆。這些家長後續可以為孩子提供讓這些「占星預言」自我實現的教育與其他資源。總之，迪恩的研究顯示，火星效應可能和星座沒什麼關係，而是和古怪的社會史比較有關。

目前為止，我們已經探討大家操弄生日的方式與原因，不過時間心理學還有一個更奇怪的面向，那就是探討比較可怕的議題：出生日期與死亡日期的關聯。

時間心理學與死神

人能不能把死期延到過了某個重要的情緒反應之後？科學家於是統計，發現中國在中秋節前，死亡率明顯降低35%。

加州大學聖地牙哥分校的社會學家大衛·菲利普（David Phillips）對死亡特別著迷。多數醫學研究人員關心的是人為什麼會死，但菲利普不一樣，他比較關心死期是什麼時候，尤其他更想知道人能不能把死期延到過了某個重要的情緒反應之後。一九七〇年，他發表標題古怪的博士論文「以死亡做為社會行為的形式」，從此便致力研究這個主題。

菲利普對於人類有足夠的能力控制身體，延緩死亡一小段時間的概念很感興趣。這一小段重要的時間似乎剛好足以讓他們度過重要的全國或個人事件。有一些觀察證據的確可以支持這個論點。創作史努比漫畫、身價百萬的漫畫家查爾斯·舒茲（Charles Schulz）在最後一本漫畫出版的前夕過世，最後的卡通中包含舒茲簽名的道別信。另外也有不下三位美國總統在七月四日過世，包括約翰·亞當斯、湯瑪斯·傑弗遜、詹姆士·門羅，所以他們可能是撐到比較吉利的日期才撒手西歸。

在一項研究中，菲利普檢視過完全國性節日，人是不是比較可能過世。觀察聖誕節前後的死亡率似乎沒什麼意思，因為死亡人數突然增加可能是因為十二月的溫度驟降所致。菲利普

並沒有鼓勵全國在其他隨機決定的月份慶祝聖誕節，而是挑選另一個每年慶祝日期都不同的全國性節日，結果他找到中國的中秋節。中秋節時，家中年長的婦女會指示女兒準備豐盛的菜餚，每年過節的日期都不固定。菲利普檢視中秋節期間中國的死亡記錄時發現，過節前一週的死亡率下跌35％，過節後隔週的死亡率又攀升相同的比率。[35]

　　菲利普做過的一項大型研究是調查生日會不會影響死期。[36]他分析一九六九年至一九九〇年間近三百萬份加州的死亡證明，結果他表示，女人在生日過後隔週死亡的機率比其他週高。相反的，男人比較可能在**生日前**一週過世。菲利普認為，這可能是因為女人覺得生日是慶祝的時候，而男人比較可能以生日來檢視自己的人生，發現自己成就太少而倍感壓力，進而提高死亡的機率。菲利普指出，這些發現和季節波動、謊報出生證明的資料、延緩攸關性命的手術或自殺無關。他表示，這些資料證明有些人的確可以運用意志，讓自己活得更久或縮短生命。

　　這種看法掀起高度爭議與許多辯論。[37]有些研究人員可以複製菲利普與團隊所發現的型態，有些人無法得出那樣的結果，或抨擊菲利普使用的研究方法。不過，心理因素影響身體健康的概念則獲得其他研究的支持，研究顯示樂觀與健康是相關的。例如，一九九六年，一群研究人員調查兩千位芬蘭人的健康想法與長壽之間的關聯。研究人員把受試者分成三組：覺得未來沒什麼希望的悲觀組、對未來抱持較高期望的樂觀組、對未來預期沒有特別正面或負面的中立組。接著他們追蹤這三

組人六年，結果發現悲觀組比中立組更可能因為罹患癌症、心血管疾病與意外過世。相反的，樂觀組的死亡率比另兩組人都低很多。[38]

其實不止菲利普研究影響確切死亡日期的奇怪因素而已。二〇〇三年，《經濟與統計評論》（*The Review of Economics and Statistics*）裡的論文也探討過人的稅賦對死期的影響。[39] 該篇論文結合了菲利普創新的死亡研究方法與家長操弄子女生日以獲得賦稅補助的可能（本章稍早前討論過）。論文中，英屬哥倫比亞大學的沃西聚・卡茲克（Wojciech Kopczuk）與密西根大學的喬爾・史蘭羅德（Joel Slemrod）想知道人會不會挑對後代賦稅最有利的時候死亡。

為了研究是不是如此，他們分析美國稅制重大改變期間的死亡型態。一九一六年公布稅制至今，共經歷十三次重大的改變，其中八次是提高稅率，五次是降低稅率。媒體宣布稅制改變到正式實施之間約有一週的時間。研究人員分析每次稅制改變前後兩週的死亡人數，他們發現證據顯示，稅率正式提高**之前**，死亡率**上升**；稅率降低**以後**，死亡率**下降**。這表示，事實就像他們的論文標題所示，有些人的確是「死也要省稅」。

但是這並不是唯一一種解讀他們研究結果的方法。死亡資料的提報往往是由可能繼承死者遺產的親人負責，他們有降低納稅負擔的既得利益，所以這種情況也可能證明，人會謊報有錢親屬實際過世或（最糟的是）遭到謀殺的日期。

千萬別相信任何人

欺騙心理學

八歲時，我見識到一件事，從此改變了我的一生。

爺爺給我一支麥克筆，要我在錢幣上寫上我的姓名字首，他小心翼翼地把硬幣放在手心上，闔上手掌，輕輕對手指吹口氣，張開手，硬幣就神奇消失了。接著，他從口袋中拿出一個小錫盒，上面纏了好幾條橡皮筋，爺爺把這個古怪的盒子交給我，叫我拿掉橡皮筋，把盒

子打開。盒子裡有一個紅色絨布小袋，我小心拿起來，往裡面看，我驚訝地發現，袋子裡裝了我簽字的硬幣。

爺爺的戲法激起我對魔術的迷戀，影響了我一輩子。十幾歲時，我成為全球知名魔術俱樂部魔法陣（Magic Circle）最年輕的會員之一。二十幾歲時，我擔任專業魔術師，在倫敦最流行的西區餐廳裡表

chapter 1

chapter 2

chapter 3

chapter 4

chapter 5

chapter 6

好萊塢明星萊斯里·尼爾森（Leslie Nielsen）的辨識謊話實驗

剛砍下的頭與人類微笑的關聯

雷根總統與虛構故事

神奇 Q 測試的結果

人類接受暗示程度的陰暗面

演紙牌魔術。有時候，我會讓簽名的硬幣消失，重新出現在小錫盒內的小布袋裡。每晚騙人兩次讓我很好奇大家為什麼會受騙。那個興趣促使我念心理系，過了二十年，我還是對欺騙心理十分入迷。

多年來我已解開欺騙的真相，研究洩漏騙子的徵兆，辨別虛偽笑容與真實微笑的差異，也知道如何騙人相信他們經歷過沒發生的事。

我們就開始來看看與欺騙有關的罕見研究，展開探索陰暗欺騙界的旅程。這是關於一群甩鼻大象、說話猩猩、還有小孩偷窺最愛玩具的奇怪故事。

大象騙術、說話猩猩
與說謊小孩

由於大象與猩猩會不會說謊真的很難判斷，其他研究人員就開始探索下一個目標的說謊演進：孩童。結果可以充分證明，我們開始學說話時就會說謊了。

幾年前，動物研究員麥欣・莫里斯（Maxine Morris）在華盛頓公園的動物園裡觀察一群亞洲象時，發現一些很古怪的行為。[1]

餵食時間一到，園方給每隻象一大捆乾草，莫里斯發現有幾隻象吃得比較快，然後就湊到慢慢吃草的同伴旁邊，開始漫不經心地搖擺象鼻。對不知情的人來說，這些象好像只是在瞎耗時間而已。不過莫里斯一再的觀察發現，這個看似天真的舉動掩飾了欺騙的意圖，牠們會冷不防抓起一些還沒被吃掉的乾草，迅速吞下肚。大象近視很嚴重，所以吃速緩慢的大象往往完全沒有發現乾草被偷了。

我們很容易就把甩鼻／偷乾草的現象當成精心策劃與執行騙術的證明，彷彿是大象版的《瞞天過海》（*Ocean's Eleven*）一般，不過這可能只是我們一廂情願的想法。就好像我們會把電腦與車子當成人一樣來對話，我們也很容易把大象的行為擬人化看待。看似會欺騙的大象可能只是偶爾同時做出

了甩鼻與偷草的動作一次而已，結果卻因此多吃到了一些自己很喜歡的乾草，後來就重複那個動作罷了，其實真的沒想什麼。確定真相的唯一方法，就是去了解大象的大腦其實在想什麼。但很可惜，大象又不會形容內心的想法與感覺，不過還好，有些研究人員認為大象雖然無法說明，但是和人類最接近的演化祖先已經可以辦到了。

一九七〇年代，說話猩猩相當流行。史丹佛大學的發展心理學家法蘭辛・帕特森博士（Francine Patterson）在探索跨物種溝通的大型研究中，試圖教兩隻低地大猩猩麥克與可可簡化版的美國手語。[2] 帕特森表示，大猩猩可以做有意義的交談，甚至可以思考愛與死之類的深奧議題。大猩猩的內心有很多地方看起來和我們很相似，例如麥克喜歡看兒童節目《芝麻街》，可可比較愛看《羅吉斯先生的鄰里》（*Mister Rogers' Neighborhood*）。一九九八年，可可還上她最愛的節目當特別來賓，幫忙教小朋友「人不能只看外表，還要看內涵。」麥克喜歡畫畫，已經畫了許多作品，包括自畫像與一些靜物寫生。他的作品很受人類喜愛，在很多展覽中展出。大家對可可也不陌生，她參加過好幾齣電影的演出，也是邁可・克萊頓（Michael Crichton）的暢銷書《剛果驚魂》（*Congo*）中說話猩猩艾美的靈感來源。另外，可可也在她的網站上擔任廣告片的主角（用她的溝通技巧呼籲大家捐款）。一九九八年，她參加第一次跨物種網路聊天。從訪問者、可可與帕特森博士之間的對話可以看出，想了解猩猩閒談還是有些困難：[3]

訪問者：我現在開始接聽眾的問題。

第一個問題是：「可可，妳未來要生小孩嗎？」

可可：粉紅色。

帕特森：我們今天稍早前聊過顏色。

可可：聽我說，可可愛吃。

訪問者：我也是！

帕特森：那小孩呢？妳覺得……

可可：沒注意。

帕特森：她用手捂著臉……這表示基本上不會發生，或是還沒發生。

　　雖然溝通有些困難，但麥克與可可的訓練師發現這兩隻猩猩會撒小謊。[4]例如，有一次可可弄壞玩具貓，她用手語比畫表示，東西是某位訓練師弄壞的。另一次，麥克弄破了訓練師的外套，訓練師問他是誰弄破的，牠用手語比畫「可可」。訓練師對牠的回答提出質疑時，麥克似乎改變心意，表示其實是帕特森的錯。訓練師再次逼問下，麥克終於露出尷尬的表情（這對猩猩來說並不容易），坦承一切。大象的欺騙案例是純粹由觀察推論，猩猩明顯的語言能力則可以為刻意的欺騙提供更有力的證明。

　　猩猩說話與說謊的可能性引起研究人員的熱烈爭論，支持者認為麥克與可可顯然可以表達他們內心的想法與情緒，在「誰弄破外套？」、「是她」的事件中，牠們展露的行為就是欺騙的明顯證明。批評者則反駁那是訓練師太急著想解讀猩猩

的隨機行為，至於說謊那件事，猩猩可能只是重複進行曾經幫牠脫困的行為而已。就好像偷乾草的大象一樣，我們幾乎不可能確切知道那是怎麼一回事。

由於大象與猩猩會不會說謊真的很難判斷，其他研究人員就開始探索下一個目標的說謊演進：孩童。

有些研究孩童說謊的有趣實驗是要求他們不要偷看最愛的玩具。[5]研究期間，研究人員把小孩帶進實驗室，叫他面對牆壁，然後告訴小孩，他會在他們的身後數英尺處放置玩具。放好玩具後，研究人員說自己必須離開實驗室，請小孩**不要**轉身偷看玩具。他們用暗藏的攝影機偷拍小孩幾分鐘，然後研究人員回到實驗室，問小孩有沒有偷看。幾乎所有三歲小孩都會偷看，但有一半會對研究人員說謊。等小孩五歲時，則是全部都會偷看與說謊。這項結果可以充分證明，我們開始學說話時就會說謊了。或許更驚人的是，讓大人看小孩否認他們偷看玩具的影片時，他們無法察覺自己的孩子是在說謊、還是說實話。

我謹守「絕不和小孩或動物共事」的劇場原則，所以我主要是研究成人的欺騙。

謊話

你善於說謊嗎？其實矇騙技巧的好壞有很大的差別。有什麼好方法可以察覺分辨謊言？哪些跡象會洩露謊言？有沒有可能把人訓練成更好的測謊者？

　　說謊改變了世界史的發展。一九三八年九月戰爭爆發以前，希特勒會見英國首相張伯倫，對他撒了一個後來很出名的謊。希特勒暗中準備侵略捷克，想防止捷克人組成反抗軍。他向張伯倫保證，他絕對無意攻打捷克，張伯倫也相信他了。他們會面後幾天，張伯倫寫信告訴妹妹，他相信希特勒「做承諾時，是可以信賴的人。」張伯倫因為太相信希特勒，力勸捷克人不要動員軍隊，以免被德軍視為攻擊之舉。後來德軍迅速攻打準備不足的捷克軍隊，最終導致二次大戰爆發。如果張伯倫當初在兩人關鍵的會議中察覺希特勒說謊，如今世界可能是截然不同的樣子。[6]

　　世界領導人並非唯一的說謊者或被騙者，每個人都會受到欺騙的影響。幾年前，我和《每日電訊報》（*Daily Telegraph*）[7]合作進行全國說謊調查。只有8%的受訪者宣稱他們從未說謊，我猜這些人多半連在匿名調查中也沒有勇氣說實話。另一項研究是請受試者連續兩週每天詳細記下講過的所有對話與謊話。結果顯示，多數人每天都會撒兩個大謊，有三分之一的對話會涉及某種形式的欺騙，五分之四的謊言不會被察

覺，八成以上的人會為了獲得工作而說謊（多數人表示，他們認為雇主預期應徵者不會誠實說出背景與經歷。）六成以上的人曾至少有一次對另一半不忠。[8]

你善於說謊嗎？多數人認為他們是，其實矇騙技巧的好壞有很大的差別。不過，有一個很簡單的測驗可以幫你判斷說謊能力。事實上，你已經做了。[9]

本書一開始，我請你在額頭上畫一個Q字（Q代表quirkology，怪咖心理學），如果當時你沒做，請現在做一次。用你慣用的那隻手，以食指在額頭上畫個大寫的Q。有些人畫的Q是撇向額頭右邊，自己可以讀得出Q。有些人畫的Q是撇向額頭左邊，面對他們的人可以讀出Q。這個簡單的測試可以大略衡量所謂的「自我監控」（self-monitoring）概念。高自我監控者畫的Q通常面對他們的人可以看出，低自我監控者畫的Q是自己可以看出。這一切和說謊有什麼關係？高自我監控者通常比較在意別人對他們的看法，他們樂於成為矚目的焦點，可以輕易改變行為以適應環境，善於操弄別人對他們的看法，所以他們通常比較善於說謊。相反的，低自我監控者在不同情況下看起來都是同一人，他們的行為大多是由內心感受與價值觀所指引，比較不會察覺他們對周遭的影響。他們也比較少說謊，所以比較不善於欺騙。

多年來我讓很多人做過這項有趣的測試，久而久之，我發現有少數人一聽到這個測試是什麼以後，就馬上說服自己他們畫的Q和實際畫的方向相反。這些人可以忽視眼前的證據，扭曲事實讓自己成為他們想做的人。所以，這個測驗可以大致顯

示你欺騙自己與他人的技巧好壞。

　　絕大多數探討欺騙心理的研究，都不是在研究善於說謊與不善於說謊的類型，而是著重於察覺說謊的技巧與科學。人能夠察覺說謊嗎？哪些跡象會洩露謊言？有沒有可能把人訓練成更好的測謊者？

　　一九九四年，我剛接任赫福郡大學的教職沒多久，收到一封寄給全英學者的古怪電子郵件。信中解釋，為了舉辦為期一週的全國科學展，有資源可以讓大家做大規模的實驗，讓大眾參與。實驗會有數百萬名觀眾觀賞，因為是在BBC的當家科學節目《明日世界》（Tomorrow's World）上進行。信末則是向學者徵求實驗點子。我覺得測驗全國的測謊技巧很有趣，所以就建議找幾位政客上節目說謊或說實話，讓大眾分辨真假。我覺得那樣一來就可能用科學的方式判斷哪個政黨最善於說謊。幾週後，我很高興看到我的提案獲選了，於是我開始著手改進研究的內容。

　　經過多次電話聯繫後，情況逐漸明朗，政治人物不願參與實驗，據說是因為他們都覺得自己不善於說謊的緣故（沒人肯相信）。於是我們改找其他聲望不錯的人選，邀請傳奇性電視政論訪談家戴羅賓爵士（Sir Robin Day）來當我們的實驗對象。戴羅賓爵士在BBC的地位就像渥特·克隆凱（Walter Cronkite）在CBS一樣。他訪問政客時咄咄逼人的風格讓他成為英國電視上最受信賴的人物之一，為他贏得「大審判官」的頭銜。我們很高興戴羅賓爵士接受了我們的邀約。

　　實驗的設計很簡單，我會訪問戴羅賓爵士兩次，兩次訪問

中，我都請他描述他最愛的電影。其中一次他是據實回答，另一次則是完全瞎掰。然後我們會在電視上播出兩段訪談，看觀眾能不能辨別那段訪談是說謊。

BBC安排了一位很有才幹的年輕導播賽門·辛（Simon Singh）來負責這個節目。他後來寫了幾本暢銷的科普書，例如《費瑪最後定理》（*Fermat's Last Theorem*）與《碼書：編碼與解碼的戰爭》（*The Code Book*）。多年來我們聯手做了很多不同的專案，不過第一次合作就是在倫敦某大飯店的大廳裡，錄製戴羅賓爵士的真假訪談。我們才剛架好攝影機不久，戴羅賓爵士就推門走了進來。他招牌的厚框眼鏡與鮮豔的蝴蝶領結馬上就讓人認出是他。他在攝影機前坐下來，似乎對於回答問題而不是提問感到有點緊張。接著我開始做第一段訪問，請他描述最愛的電影。他說他非常喜歡克拉克·蓋博的經典名片《亂世佳人》。

韋斯曼：戴羅賓爵士，您最愛的電影是哪一部？

戴羅賓爵士：《亂世佳人》

韋斯曼：為什麼？

戴羅賓爵士：那是、那是部經典。角色好，有很棒的電影明星——克拉克·蓋博，很優秀的女演員——費雯麗。電影非常感人。

韋斯曼：您最喜歡電影裡的哪個角色？

戴羅賓爵士：喔，克拉克·蓋博。

韋斯曼：您看過這部電影幾次？

戴羅賓爵士：嗯⋯⋯（停頓），我想有六次吧。

韋斯曼：第一次看是什麼時候？

戴羅賓爵士：剛上映的時候，我想是一九三九年。

他答完以後，我又重複一次問題，他說他是瑪麗蓮夢露的電影《熱情如火》（*Some Like It Hot*）的超級影迷：

韋斯曼：戴羅賓爵士，您最愛的電影是哪一部？

戴羅賓爵士：啊⋯⋯（停頓）呢，《熱情如火》。

韋斯曼：您為什麼會喜歡那部電影？

戴羅賓爵士：喔，因為我每看一次，就覺得它愈來愈有趣。裡面有很多我喜歡的東西，每次我重看一遍，就更喜歡那些地方。

韋斯曼：您最喜歡電影裡的哪個角色？

戴羅賓爵士：喔，我想是湯尼・寇帝斯（**Tony Curtis**），他是那麼帥氣⋯⋯（短暫停頓）又機靈。他把卡萊・葛倫（**Cary Grant**）模仿得很好，他用來抵擋夢露誘惑的方式真的很有趣。

韋斯曼：第一次看是什麼時候？

戴羅賓爵士：我想是剛上映的時候，我忘了是哪一年。

你覺得哪個是謊言？

幾週後，整個實驗在《明日世界》的現場舉行，節目一開始，我們播放兩段訪問，請觀眾判斷哪段是說謊，並提供兩支

電話讓觀眾電話投票，這是有史以來第一次做這樣的嘗試。賽門和我完全不知道大家會不會為了科學的名義打電話進來。結果我們根本不用擔心，幾分鐘內我們就接到三萬多通電話。

停止電話計票後，我們馬上開始分析結果，52%的人認為戴羅賓爵士講《亂世佳人》時是說謊，48%的人覺得講《熱情如火》是瞎掰。然後我們讓觀眾看一段我問戴羅賓爵士他是不是真的喜歡《亂世佳人》的短片。他的回答簡單扼要：「我當然不喜歡！那電影無聊透了，我每次都看到睡著。」節目最後，我們宣布實驗結果，解釋大家察覺謊言的技巧其實和隨機臆測的結果差不多。[10]

我們當然也可以說戴羅賓爵士的說謊技巧很好，或是大家在日常生活中會比較善於察覺謊言。為了證實這點，必須進行許多實驗，找來多種不同的人，針對大量議題說謊與說實話，那會是很龐大的實驗，不過過去三十年來，有一小群非常專業的心理學家就是做這樣的實驗。[11]他們找人逛藝術展，謊報最喜歡的畫作；從錢包裡偷錢，但否認行竊；推薦他們討厭的商品；看描述截肢的電影，卻說服別人他們看的是閒適的沙灘景致。這些研究探討業務員、購物者、學生、毒品上癮者、罪犯的說謊行為。在這方面，我做的研究是讓人看錄影帶，錄影帶中的主角為殺人案公開上訴無罪，後來才坦承犯下罪行。

實驗的結果都非常一致：想察覺謊言，乾脆投硬幣決定還比較快。不分男女老幼，很少人可以肯定地察覺謊言。這結果顯示，我們甚至無法分辨另一半是不是在說謊。[12]在一系列探討愛情欺騙的實驗中，研究人員讓一位結婚很久的人看連串的

投影片，片中有迷人的異性，然後請他去說服另一半他覺得那位異性一點也不迷人。結果發現，相處很久的伴侶都很難分辨另一半是在說謊。有些研究人員認為，很多伴侶之所以能夠長期在一起，就是因為他們無法察覺對方說謊。

或許大家不用太擔心自己無法察覺謊言，畢竟每個人都差不多。加州大學舊金山分校的心理學家保羅·艾克曼（Paul Ekman）播放說謊者與說實話者的影片給許多專家看，包括測謊器操控者、搶案調查者、法官與精神科醫師，請他們分辨謊言。[13] 結果大家都盡力了，但猜對的機率跟隨機臆測的結果差不多。

所以人為什麼那麼不善於察覺謊言？我們可以從德州基督大學查爾斯·邦德教授（Charles Bond）等心理學家所做的研究中找到答案。[14] 邦德調查過和說謊有關的人類行為，他的調查和一些心理研究不同，他不是請幾百位美國的大學生勾選問卷，而是訪問六十幾個國家的數千人，請他們描述他們如何分辨別人在說謊。大家的回答都相當一致，從阿爾及利亞到阿根廷、德國到迦納、巴基斯坦到巴拉圭，幾乎每個人都認為說謊者會避免目光接觸，緊張地揮手，在座位上侷促不安。

但是有個小問題，研究人員花了無數小時仔細比較說謊者與說實話者的影片，這種研究需要訓練有素的觀察者坐在電腦前面重複觀看數位影像。每次放映影片時，觀察者就尋找特殊的行為，例如微笑或手勢。每次看到他們想找的動作時就按鈕，電腦就會記下他們的反應。每分鐘的影片大約要花一個小時分析，但結果可讓研究人員比較說謊與說實話的相關行為，

找出最細微的差異。結果很明顯，說謊者和說實話的人一樣，他們都可能正視著你，不會緊張地揮手，也不會在椅子上侷促不安（他們甚至比說實話的人還沈靜一些）。我們之所以難以察覺謊言，是因為我們是根據自己對行為的看法來判別，但那些行為其實和說謊毫無關係。

所以哪些跡象真的可以透露謊言？為了回答這個問題，研究人員搜尋說謊者與說實話者的行為之間有哪些可靠的差異。結果似乎在於我們的用字遣詞及說話方式。[15] 說謊時，透露的訊息愈多，愈有可能自找麻煩。所以，說謊者的話通常沒有說實話者多，提供的細節也比較少。回頭看一下訪問戴羅賓爵士的內容，他瞎掰《亂世佳人》時約說了四十字，講《熱情如火》時用字幾乎是兩倍。現在再來看這兩段專訪的詳細分析。第一段專訪中，他大略描述電影，只說那是經典，有很棒的角色。但是說實話時，他講了比較多的細節，描述演員湯尼·寇帝斯想要抵擋夢露誘惑的場景。

在謊話用字方面，這只算是冰山的一角而已。說謊者往往會從心理疏離謊言，所以謊話中通常不太提及自己與個人感受。戴羅賓爵士的例子再次提供很好的證明。說謊時，他只提到「我」兩次，說實話時，他說了「我」六次。第一次談《亂世佳人》時，他只提過一次電影給他的感受（「非常感人」），談到《熱情如火》時，則提到好幾次他的感覺（「我每看一次，就覺得它**愈來愈有趣**。」、「裡面有很多我**喜歡**的東西」、「（寇帝斯）那麼**帥氣……機靈**。」）

另外就是遺忘的部分。試想某人對你提出一堆問題，問你

上週做了什麼，你很可能記不得很多細節，如果你誠實回答，你會坦承自己忘了。說謊者通常不會這樣，遇到不太重要的資訊時，他們似乎會出現超強記憶，往往還能想起最小的細節。相反的，說實話的人知道他們已經忘了某些細節，會坦然承認。戴羅賓爵士的訪談內容就是如此。他只在一個地方坦承記不得細節了，他告訴我們他想不起第一次看《熱情如火》是什麼時候。

研究人員還不確定肢體語言為什麼常會造成誤導，但說謊的用字遣詞卻如此明顯。有一種理論是說，目光交會與手勢很容易掌控，所以說謊者利用這些訊息來傳達他們想給人的印象。相反的，要控制我們的用字與說話的方式比較難一點，所以用字遣詞是比較可靠的分辨方式。

不管是什麼理論，簡單地說，真正辨別謊言的線索在於用字遣詞。所以只聆聽謊言或閱讀說話的文字記錄時，就比較能辨別謊言了嗎？我必須坦承我自己說了小謊，我並沒有完整陳述戴羅賓爵士的實驗。我和所有善於說謊的人一樣，其實並沒有真的說謊，只是刻意遺漏了一些重要資訊。

萊斯里·尼爾森、番茄醬與酸奶油

判斷謊言時，用聽的比用看的準。首先，謊言比實話短。實話中提到「我」的次數較多。實話中提到不少經驗，還有情感描述；相反的，說謊時比較著重事實的描述。

　　電視實驗只是更大型研究中的一小部分而已，BBC節目播送當天，我們也把那兩段專訪拿到全國性廣播電台播放，科普類編輯羅傑·海飛德（Roger Highfield）也安排讓這次訪問的文稿登上《每日電訊報》。他們都請聽眾與讀者猜哪段訪談是說謊，請大家打兩支不同的電話投票，結果有數千人參與投票。雖然電視觀眾察覺謊言的能力和隨機臆測差不多，但報紙讀者猜對的機率是64％，廣播聽眾的猜對率更是高達73％。所以判斷謊言時，用聽的比用看的準。

　　戴羅賓爵士的實驗並不是唯一證明人類可藉由聆聽來提高謊言分辨力的研究。在這個領域裡，中田納西州立大學的葛藍·利托沛吉（Glenn Littlepage）與湯尼·賓諾特（Tony Pineault）做過一項比較不尋常的研究。[16] 他們利用美國最知名、最長壽的益智節目來實驗。《老實說》（*To Tell the Truth*）每次都有三位參賽者，每位都宣稱自己是同一個人。四位特別來賓輪流拷問這三人，盡可能分辨誰說實話、誰在瞎

掰。來賓做好決定後，主持人就叫說實話的人站起來透露真相。這節目已經融入美式流行文化中，後來還變成電影《神鬼交鋒》（*Catch Me If You Can*）的開場片段。利托沛吉與賓諾特錄下好幾集節目，其中一集有三名女子都宣稱自己是中世紀專家，另一集有三位男子都說中國邀請他去發掘北京山頂洞人的遺跡。研究人員把這些節目片段放給不同組的人看。其中一組人看的是正常的影片，兼具聲音與影像。另一組人只聽節目的錄音，第三組人只看影像。研究結果證實了說謊用語的重要。只看影像的人很難分辨哪個參賽者在瞎掰，只聽聲音的人則很善於分辨待會兒誰會起立表明他是在說實話。

現在是測試你辨識謊言新技巧的時候了。幾年前，加拿大探索頻道的科學節目《每日星球》（*The Daily Planet*）邀請我幫忙做另一次的全國謊言辨識實驗。他們說服我幼年時的偶像好萊塢諧星萊斯里・尼爾森（《空前絕後滿天飛》、《脫線總動員》、《笑彈龍虎榜》的明星）來當實驗對象。主持人傑・應格朗（Jay Ingram）訪問尼爾森兩次。每次訪問中，主持人都問尼爾森最愛的食物是什麼。就像戴羅賓爵士的實驗一樣，其中一次回答全是瞎掰，另一次則是講實話。這次你可以辨別哪個是謊言了嗎？

訪問一

應格朗：您最愛的食物是什麼？

尼爾森：我最愛的食物是什麼？我最愛的食物是什麼？我可以從任何東西中挑選嗎？嗯…天啊，這有點難以抉擇，

其實不大一定，我猜⋯⋯我最喜歡的食物是番茄醬。

應格朗：番茄醬！您為什麼那麼愛番茄醬？

尼爾森：我也不知道，我想我是那種可以把番茄醬塗在任何東西上的人，不管別人怎麼看。沒錯，就是番茄醬。

我想那主要是從小保留至今的習慣吧。小時候找東西吃時，我說：「媽，我想吃麵包夾果醬。」我記得當時我媽說：「萊斯里，我們沒有果醬。」我說：「但是，但是，但是。」她說：「我給你別的。」她拿了一片麵包夾奶油，然後再加上番茄醬，在上面塗啊塗，我就迷上了。我知道我在家心情好時，可以自己來一點，餓的時候，可以自己開冰箱，拿出一片麵包夾奶油，再加點番茄醬，讓我感覺更好。」

訪問二

應格朗：尼爾森先生，您最愛的食物是什麼？

尼爾森：它變成我最愛的食物⋯⋯是我名單上的榜首⋯⋯我真的選我第一個想到的東西，那就是酸奶油。比方說，把一坨酸奶油放在鱷梨沙拉醬上，或者⋯⋯我想是因為我對墨西哥風味很感興趣的緣故。我也記得我還小的時候，我媽會吃番茄三明治配美乃滋，美乃滋後來看起來很像酸奶油，是我全世界最不想碰的東西。

呃⋯⋯所以我真的沒有碰那東西，但如今⋯⋯那是很不尋常的口味，而且現在都有低脂可選，這是我很小心注意

的，對我來說是新口味，但我現在愈來愈迅速喜歡酸奶油了。

你可能已經猜到尼爾森喜愛番茄醬，討厭酸奶油。他用字遣詞的型態正是說謊與說實話的典型。首先，謊言比實話短。尼爾森談到番茄醬時用了約兩百二十字（英文），談到對酸奶油的喜愛時用了近一百五十字（英文）。他的話裡也有和說謊有關的「心理疏離」證據。尼爾森說實話時，他用了二十次的「我」，說謊時只用了十四次。另外，實話中提到不少和番茄醬有關的兒時經驗，還有幾個情感描述（「我就迷上了」、「我心情好時」、「讓我感覺更好」）。相反的，尼爾森說謊時比較著重事實的描述（如何使用、口味不尋常、低脂），只在訪談最後加了一句有點奇怪的形容（「我現在愈來愈迅速喜歡了」）。

一旦你知道洩露謊言的跡象，辨別謊言就簡單多了。那和說謊者有沒有正眼看你、揮手或在位子上侷促不安都沒什麼關係，比較可靠的說謊跡象是人的聲音與不經意的用字遣詞。說謊者的描述中缺乏主要細節，有比較多的停頓與猶豫，避免用「我」之類的自我指涉，也不說明自己的感受，藉此和謊言保持疏離。他們似乎可以記得說實話者會忘記的瑣碎資訊。學習聆聽這些神秘的訊號，就可以發覺說謊的蛛絲馬跡。突然間，你看清大家真正的想法與感受，世界就會變成很難生存的地方，真的，相信我這點。

2-4

蒙娜麗莎、剛砍下的頭
與聖母學院修女會

最常見、最常被偽裝的非語言行為就是：人類的微笑。法
國科學家杜鄉發現了分辨虛假微笑的秘密。真實微笑時，
眼睛周遭會產生微小的細紋，這種眼部肌肉的收縮是無法
自主控制的，只有「內心的甜蜜感才能加以啟動」。

　　所以戴羅賓爵士與尼爾森的實驗顯示，我們無法從人的肢
體語言與臉部表情發覺欺騙的跡象嗎？這也不盡然，事實上，
有些方式可以讓我們用眼睛、而不是用耳朵辨識欺騙，只不過
你必須知道你確切想找的線索是什麼而已。我們來看最常見、
最常被偽裝的非語言行為：人類的微笑。

　　我們都會微笑，但很少人透視這看似簡單的行為底下有什
麼複雜的心理。你是因為**自己**快樂而笑，還是為了讓**別人**知道
你快樂而笑？這個看似簡單的問題引起一些研究人員的激烈爭
論。有些人認為微笑幾乎都是由內心的喜樂所驅動，但也有
一些人認為，微笑是為了讓周遭知道你的感受的社交訊號。
為了釐清這個議題，康乃爾大學的羅伯‧克勞特教授（Robert
Kraut）與羅伯‧強斯頓教授（Robert Johnston）決定比較人獨
自快樂與和人在一起同樣快樂的微笑次數。[17] 幾經思考，他們
想到一個絕佳的研究場所：保齡球場。他們發現玩球的人拋出

球並得高分時，通常會獨自快樂。等他們轉身面對球友時，他們也一樣快樂，但是那是和其他人互動。

在幾次研究中，克勞特與同仁暗中觀察兩千多位玩保齡球的人。每次研究人員都會仔細記錄事件的過程，包括玩球者的臉部表情、分數，以及他們是面對球道還是朋友。在研究中，研究團隊對著錄音機偷偷講述資訊（為每個因素設代碼，避免有人起疑）以便確實記錄。結果發現，只有4％的人得高分但背對朋友時會微笑，但是他們轉身看朋友時，42％的人臉上都掛著很大的笑容。所以有明顯的證據可以顯示，我們微笑不單只是因為我們快樂而已，而是為了讓別人知道我們快樂。

微笑和其他社交信號一樣都是可以偽裝的。人往往會微笑，給人一種快樂的印象，實際上他們的內心可能並不愉快。但是虛假的微笑和真正的微笑一模一樣嗎？還是有臉部的跡象可以透露出這兩種表情的差異？這個議題已經困擾研究人員一百多年了，這也是我最近在藝廊做的實驗重點。

在前一章中，我提過紐西蘭科學展好心讓我做「天生好運」的第二段實驗。啟程前，我向科學展的主辦單位建議籌畫第二項研究，幫忙解開虛假微笑的秘密。這點子很簡單，我想讓大家看幾組相片，每組包含兩張同一人的微笑。[18]一張是真心微笑，一張是虛假微笑，我們想請大家挑出真的那張。仔細比較兩張相片或許可以找出洩露虛假微笑的跡象，分析實驗結果可以判斷人能不能運用這些跡象來辨別真假。經過討論後，我們想到一個點子，把這個研究弄成藝廊中的展覽。但尼丁公立藝術畫廊同意幫我們舉辦這項展覽，讓我們少見的藝術科學

展可以和透納（Turner）、根茲伯羅（Gainsborough）與莫內（Monet）的名作一起展示。

　　為了這個微笑實驗，我需要想辦法讓人產生真心的微笑與虛假的微笑。研究人員在實驗室裡用過多種不同的方法激發這些臉部表情。一九三〇年代，心理學家卡尼・蘭迪斯（Carney Landis）想要拍攝多種情緒的臉部表情，所以他找自願者來聆聽爵士樂、讀聖經、翻閱情色相片（蘭迪斯表示：「在最後一種情況中，實驗者有小心不讓自己笑出來或出現拘謹的樣子。」）[19] 另外兩種實驗室則是為了激發比較極端的反應。其中一個是請自願者把手放進裝了三隻活青蛙的水桶中，自願者產生反應後，實驗者會叫他們繼續在水中摸索。接著實驗者就在水中導入高壓電，電擊受試者。不過蘭迪斯最令人矚目的傑作是最後一項研究，也是道德上最可議的實驗。他給受試者一隻活的白老鼠與一把屠刀，叫他們把老鼠的頭砍下。七成左右的受試者在幾經勸說後都做了。剩下的則由實驗者自己砍掉老鼠的頭。蘭迪斯指出，52％的人在砍老鼠的頭時笑了，74％被電擊時笑了。多數自願者是成人，但自願者中的確有一位十三歲的男孩，他因為情緒不穩又有高血壓，所以在大學醫院中就醫（「孩子，今天在醫院過得如何？」）

　　我的微笑實驗是要求每位自願者帶隻獅子狗和大刀來，呃，開玩笑的！其實我們選了兩種比較沒有爭議性的方法。我們請每個人帶一位朋友來，朋友讓他們發笑時，我們就幫他們拍一張真心微笑的相片。然後，我們請他們想像剛剛遇到一位討厭的人，必須裝出虛假的微笑。以下就是得到的兩張照片。

這組相片與另外九組就構成我們展覽的基礎。

　　第一位在藝廊中做微笑實驗的學者。二〇〇三年，哈佛神經科學家瑪格麗特・李文斯頓教授（Margaret Livingstone）想用科學的方法解開藝術中最知名的微笑之謎。[20]蒙娜麗莎的畫像是達文西於一五〇〇年代繪製的，數百年來，藝術史學家一直對這幅畫深感不解。多數的爭論是和她謎樣的面部表情有關，有些學者表示那畫作明顯呈現笑臉，有些人則宣稱那表情是莫大的哀傷，一八五二年，法國一位年輕藝術家在寫下以下文字後，從巴黎旅館四樓的窗戶躍身而下。他寫到：「多年來，她的微笑令我相當掙扎，現在我寧可去死。」不過，李文斯頓教授的研究方法比較保守。

　　多年來，人們發現，看著蒙娜麗莎的雙眼時，她的微笑比較明顯。但是直接看她的嘴巴時，微笑就消失了。這顯然是這

幅畫的謎樣關鍵，但大家無法理解達文西是如何創造出那樣奇怪的效果。李文斯頓教授發現，這種錯覺是因為人類的眼睛是用兩種非常不同的方式觀看世界。直視物體時，光線是落在視網膜中間的中央窩。這部分的眼睛擅長觀看比較亮的物體，例如陽光直接照射的東西。相反的，人從眼角觀看東西時，光線是落在視網膜周邊，這部分比較擅長在昏暗中觀看物體。李文斯頓發現，達文西的畫使用視網膜的兩部分來愚弄人的雙眼。分析顯示，達文西巧妙地運用蒙娜麗莎顴骨的陰影，讓她的嘴巴看起來比臉的其他地方暗。所以大家看蒙娜麗莎的眼睛時，她的笑容比較明顯，因為大家用的是邊緣視野。直接看她的嘴巴時，用中央窩可以比較清楚看到畫的陰影，所以微笑看起來不是那麼明顯。

李文斯頓並不是第一位對人類微笑的神秘深感興趣的科學家，兩百多年前，一小群歐洲科學家曾為同樣的議題做了一連串奇怪的研究。

十九世紀初期，研究人員想知道如何利用電流進一步了解身體的結構與生理狀況。有些研究比較可怕，是公開電擊剛死不久的屍體，義大利科學家喬凡尼・阿迪尼（Giovanni Aldini）或許是這領域中最知名的學者。[21] 阿迪尼最擅長的技巧就是讓殺人犯起死回生。他做過一項眾所皆知的實驗，到倫敦讓殺人犯喬治・弗司特（George Foster）復活。弗司特因為把妻兒丟入運河中溺斃，被判於一八〇三年一月十八日處以絞刑。弗司特被處死後，屍體被移到附近的屋內，讓阿迪尼在知名英國科學家的觀察下，在他身上導入不同的電壓。法院記錄

的結果如下（剛好出現在克魯克先生〔G.T. Crook〕編輯的論文集中。crook恰好也是騙子的意思）：[22]

一開始先對臉部通電時，已故罪犯的下巴開始顫抖，周邊的肌肉恐怖扭曲，一隻眼睛還張開了。後續在其他部位導電時，他的右手舉起握拳，大腿與小腿開始移。對旁觀的無知者來說，就好像這個不幸的傢伙快要起死回生一樣。

法院記錄接著排除復活的可能，因為弗司特接受絞刑時，「他有幾位朋友在絞刑台下用力拉扯他的腳，讓他可以早點結束痛苦的折磨。」記錄指出，即使阿迪尼的實驗真的讓弗司特起死回生了，他也必須再次接受絞刑，因為法律規定這種罪犯必須「絞刑至死為止」。法院記錄也提到阿迪尼的實驗讓其中一位旁觀者帕斯先生驚嚇過度，回家不久就嚇死了，讓弗司特變成少數**死後**又害死人的殺人犯。

阿迪尼並不是唯一實驗電擊對身體肌肉有何影響的科學家，幾年後一群蘇格蘭科學家也對另一位殺人犯做了類似的實驗，把那人的臉扭曲成「可怕的表情」，讓他的手指動起來，彷彿「屍體的手指向不同的旁觀者」一樣。實驗結果也對許多旁觀者造成太大的震撼，有一人昏厥，幾位噁心離場。[23]

這項研究除了為現代的醫療電擊奠定基礎外，也對流行文化帶來兩大貢獻。電擊可以讓人起死回生的概念為瑪麗·雪萊（Mary Shelley）帶來靈感，讓她創作出《科學怪人》（Frankenstein）。「corpsing」（笑場）一字表示演員想要正經

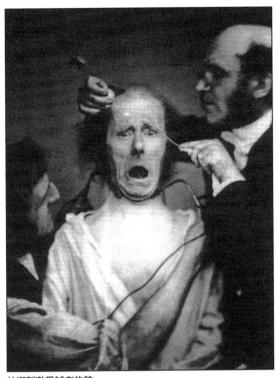

杜鄉刺激受試者的臉

演戲卻突然發笑的情況，這個字源自於死人臉上的詭異笑容。

阿迪尼的研究也激發法國布隆尼科學家紀堯姆・杜鄉（Guillaume Duchenne）研發更複雜的系統，來探索不同臉部表情所牽涉的肌肉。杜鄉不是拿剛受刑的殺人犯來實驗，而是採取比較文明的方法，拍攝活人臉部導電時的表情。他找了很久，終於找到一位願意忍受臉部持續接受痛苦電擊的受試者。杜鄉在一八六二年的著作《人類臉部表情機制》（The Mechanism Of Human Facial Expression）中，[24] 對這位實驗對

象做了不是很討喜的描述：

> 我為實驗挑的主要受試者是一位無牙的老人，他的臉部消瘦，五官雖然不是很醜，但幾乎毫無特色。他的臉部表情和他無害的性格與有限的智慧剛好吻合。
>
> 此外，這個人還有一個不錯的特質，他的臉部幾乎完全麻痺。這表示杜鄉可以「像面對靜止猙獰的屍體那樣，精準地刺激他的每條肌肉。」

　　拍了數百張照片後，杜鄉發現虛假微笑的秘密。電流導入臉頰時，嘴巴兩邊的大肌肉（顴大肌）會讓嘴角上揚，形成笑容。杜鄉接著比較告訴受試者笑話以後所得到的笑容。真的笑容不僅用到顴大肌，也用到兩眼周邊的眼輪匝肌。在真實的笑容中，這些肌肉會繃緊，把眉毛往下拉，把臉頰往上拉，讓眼睛周遭產生微小的細紋。杜鄉發現眼部肌肉的收縮是無法自主控制的，只有「內心的甜蜜感可以加以啟動」。

　　最近的研究也肯定了杜鄉的論點，[25]我們二十一世紀的真假微笑影像也印證了同樣的效果。現在回頭再看一次七十六頁的照片。右邊的圖顯示虛假的笑容，顴大肌拉起嘴角，研究人員最近把它命名為「泛美式」微笑，名稱源自於泛美航空空姐的虛假笑容。左邊的圖片則是真實的笑容，同時牽動顴大肌與眼輪匝肌，臉頰的上揚讓鼻子兩邊與眼睛的下方及旁邊產生比較明顯的皺紋。另外，眉毛與眉毛下方的皮膚會往眼睛方向移動，縮小兩者的間距，讓眼睛正上方擠出小袋，右頁的放大照

中比較容易看出這些隱約的改變（上方是發自內心的微笑，下方是虛假的微笑。）

　　科學展期間，有數百人參觀但尼丁藝術畫廊，他們都好心參與實驗。我們給參加者一份問卷，請他們看每組圖片後指出哪個是真心的微笑。結果顯示，許多人都無法分辨微笑的真假，即使是自認對他人情緒特別敏感的人，答對的機率也跟隨機臆測差不多。不過，如果他們知道該看哪裡，線索就在他們的眼前（看圖中那人的鼻子兩邊就行了）。

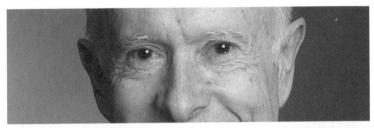

　　參與研究的人不太會察覺真實的微笑，不過，使用杜鄉發明的系統來區分真假笑容的方式，讓心理學家得以深入探索情緒與日常生活之間的關係。最近有些研究人員甚至開始研究人類幼年行為中某些看似無關的細節，是否能有效預測長期的成就與幸福。

肯塔基大學的心理學家黛柏拉・丹納（Deborah Danner）以兩百名修女做了一項研究，充分展示了這項概念。[26] 每位修女加入聖母學院修女會之前，都必須寫一篇自傳。一九九〇年代初期，丹納分析一百八十位於一九七〇年代中期加入修道院的修女所寫的自傳，計算他們形容正面情緒（例如「喜樂」、「愛」、「滿足」）的頻率。驚人的是，形容自己經歷許多正面情緒的修女，比其他人多活了十年之久。

　　類似的研究也顯示，從年輕時展露的「杜鄉微笑」【譯註：發自內心的微笑】就可以洞悉一個人的人生。一九五〇年代末期，米爾斯學院（加州奧克蘭的私立女子學院）一百五十位大四的學生同意讓科學家長期研究他們的生活。後續五十年，這些女性持續提供個人的健康、婚姻、家庭生活、職業與幸福等資料給研究人員。幾年前，加州柏克萊大學的達可・凱爾納（Dacher Keltner）與麗安・哈克（LeeAnne Harker）觀察這些女性二十歲出頭時為大學畢業紀念冊拍的相片，[27] 幾乎所有人都露出微笑。不過研究人員仔細檢視時發現，有一半的人是露出泛美式微笑，另一半的人是發自內心的杜鄉微笑。於是他們回頭看這些女性提供的生活資料，發現驚人的結果。展露杜鄉微笑的人比露出泛美式微笑的人更可能結婚、維繫婚姻、過得幸福、也比較健康。

　　一百年前第一次引起杜鄉注意的眼睛周邊細紋，竟然可以用來預測人的終生成就與幸福。有趣的是，杜鄉比其他科學家更早知道他的發現有何重要性。杜鄉退休時，總結他對研究的感想如下：

虛假微笑非常重要，這種表情可以是禮貌性的微笑，也可以用來掩飾背叛。當我們內心悲傷時，嘴上就會露出這樣的微笑。

「孩子，別擔心，
我們會一起降落。」

人的記憶是可以經由操弄而憶起不曾發生過的事。暗示的
欺騙效果讓人把虛構故事誤當成事實。專業的騙子就是用
同樣的技巧來說服別人曾經經歷過不可能的事。

　　說到日常的欺騙，謊話與虛假笑容只不過是冰山的一角
而已。

　　一九七〇年代中期，心理學家開始正視記憶的可塑性。心
理學家伊莉莎白・羅芙托斯（Elizabeth Loftus）與同仁做過一
個經典的實驗，他們讓受試者看車禍的投影片，[28] 大家看到路
上一台紅色的Datsun汽車，開到路口轉彎時撞上路人。受試者
看完投影片後，研究人員故意提供他們誤導的資訊。事實上，
路口處有個「**停車再開**」的號誌，但是研究人員故意提出不同
的標誌想誤導他們，所以他們請受試者說出開過「**讓路**」標誌
的車子是什麼顏色。之後，他們讓受試者看一張路口有「**停車
再開**」或「**讓路**」標誌的投影片，問他們剛剛看過的是哪一
張。絕大多數的人確定他們原本看到的路口號誌是「**讓路**」。
這項研究後來激發了大量類似的實驗，讓大家把榔頭誤記成螺
絲起子，把《*Vogue*》雜誌記成《*Mademoiselle*》，把刮了鬍子
的男人記成留鬍子，把米老鼠記成米妮。

　　後來的研究顯示，同樣的概念也可以用來騙人相信其實沒發生過的事。威靈頓維多利亞大學的金柏利‧瓦德（Kimberley Wade）與同仁最近做了一項研究顯示這種效果。[29]瓦德請二十個人說服家人參加一項美其名是研究人為什麼會回憶兒時趣事的實驗。研究人員要求這些招募者暗中提供受試者的兒時照片，利用這些照片捏造出受試者小時候搭熱氣球的假照片。下圖就是其中一張原始照與動過手腳的照片。最後，研究人員再請招募者提供三張受試者真的參與不同兒時趣事的照片，例如生日派對、去海邊玩或參觀動物園等等。

　　受試者在兩週內接受三次訪問，每次訪問時，都會讓他們看三張真照片與一張假照片，並鼓勵他們盡量描述每張照片的經歷。

金柏利‧瓦德的假記憶實驗中所用的真照片與假照片

　　在第一次訪問中，幾乎所有人都記得真實趣事的細節，但有三分之一的人也表示他們記得不存在的熱氣球之旅，有人甚至還詳細描述細節。研究人員要求受試者回家後多想想這些經

驗。到最後第三次訪問時，有一半的受試者記得虛構的熱氣球之旅，很多人還可以描述細節。有一位受試者在第一次受訪時表示他從沒搭過熱氣球，最後反而為這個不存在的事件做出以下的描述：

> 我很確定那是發生在我國一的時候……基本上只要花十元左右就可以搭熱氣球，飛上二十米高……那應該是週六……我確定我媽一定是在地上拍照。

瓦德的實驗只不過是諸多類似實驗中的一個，他們證明人的記憶是可以經由操弄而憶起不曾發生過的事。在另一個實驗中，研究人員要求一群受試者詳細描述小時候參觀迪士尼樂園及遇見兔寶寶玩偶的經過（兔寶寶並非迪士尼人物，所以不會出現在迪士尼樂園裡）。[30] 還有一個實驗是訪問潛在受試者的父母，詢問他們的子女是否小時候曾在購物中心走失過。[31] 研究人員仔細挑選出一群沒有這類經歷的受試者以後，設法說服大部分的人詳細描述這不存在的可怕經歷。類似的研究也曾說服受試者相信自己曾經發高燒住院，還可能耳朵感染；意外在婚禮接待處把一大盆果汁潑在新娘爸媽的身上；消防灑水系統啟動而必須從超市中疏散；放開煞車器而讓車子撞到另一台車。[32] 這些實驗顯示，記憶的可塑性比我們想得還驚人。一旦有權威人士指出我們曾經經歷過某事，多數人都會覺得很難否認，並且開始以想像填補記憶的空缺。過了一段時間後，真假變得虛實難辨，我們也就開始相信謊言了。這種效果非常強

大，有時甚至不需要動用權威來愚弄我們，我們就已經把自己騙得團團轉了。

一九八三年十二月，美國總統雷根對國會榮譽勳章協會演講，他決定講一個以前說過很多次的案例，據說是真實案例。

雷根描述二次大戰期間一架B-17轟炸機受到對空砲火重創後，如何克難飛越英吉利海峽。飛機下方的砲塔已遭擊中，裡面的砲兵受傷，炮塔的門也卡住無法開啟。飛機高度開始下降，指揮官要求機員跳傘。砲兵被困在砲塔中，知道他就要跟著飛機墜毀了，最後一位跳機的人後來形容他看到指揮官坐在砲塔邊，對著驚恐的砲兵說：「孩子，別擔心，我們會一起降落。」

雷根解釋這項英勇壯舉讓指揮官死後獲贈國會榮譽勳章，並以下面的敘述結束這段感性的演說，他說美國把最高榮譽頒給「願意為了安撫難逃一死的孩子而犧牲生命的人」是正確之舉。這是很棒的故事，只不過有個小問題，這件事根本沒發生。記者檢查二次大戰期間頒發的434個國會榮譽勳章的記錄，發現並沒有提到這件事或類似事件。最後，有人指出這個故事和熱門戰爭電影《飛堡戰紀》（*A Wing and a Prayer*）所描述的情況幾乎一樣。在電影的高潮中，無線電操作員告知飛行員，飛機嚴重受損，他受傷了，無法動彈。飛行員回答：「麥克，我已經不管高度了，我們會同進退。」

暗示的欺騙效果讓全球領導者也把虛構故事誤當成事實。專業騙子就是用同樣技巧來說服別人曾經經歷過不可能的事。

記得不可能的事

魔術和迅速移動無關，而是運用多種心理手法來愚弄觀眾。

魔術師是誠實的騙子，他們和多數騙子不同，他們完全承認他們是在欺騙觀眾。儘管如此，他們還是得說服觀眾相信物體會憑空消失、女人可以切成兩半、未來可以準確預測。

一百多年來，有些心理學家探索魔術師用來愚弄觀眾的秘密心理。一八九〇年代，美國心理學家約瑟夫・賈斯卓（Joseph Jastrow）和兩位世界知名的魔術師合作探討雙手是不是真的比眼睛還要靈巧。賈斯卓是我在學術界的偶像之一，他非常了不起，做過許多非凡的研究，包括率先探索下意識知覺、分析盲人的夢境、了解西洋碟仙背後的心理。可惜的是，賈斯卓也有憂鬱症，芝加哥報紙曾經以下面標題報導他的病：「知名心理醫生自己也瘋了」。

賈斯卓為了探索魔術的心理，和亞歷山大・赫爾曼（Alexander Herrmann）與哈利・凱勒（Harry Kellar）等兩位魔術師合作。[33] 赫爾曼與凱勒是當時最知名的兩位魔術師，兩人一直處於相互較勁的狀態。如果其中一人讓驢子消失，另一人就會讓大象消失。如果一人讓女人在舞台上飄起，另一人就會讓助理飄得更高。如果一人憑空變出一扇牌，另一人就表演蒙眼變出同樣的把戲。賈斯卓邀請他們兩位到威斯康辛大學的

實驗室，請他們參與一些測試，衡量他們的反應、移動速度、以及手指動作的精確度。賈斯卓的測驗結果並沒有得出特殊的資料，兩大魔術師的測驗結果和幾年前收集的非魔術師對照組的資料差不多。

但是賈斯卓用科學的方法證明了多數魔術師已經知道的事實：魔術和迅速移動無關，而是運用多種心理手法來愚弄觀眾。暗示是變魔術過程中的要角。就好像研究人員讓人相信他們曾經搭過不存在的熱氣球，或曾在購物中心走失一樣，魔術師也必須操弄觀眾對表演的觀感。

最近我在實驗室裡做的意志力簡單實驗可以用來說明這個概念。[34] 我讓一群學生看魔術師顯然用意志力彎曲金屬鑰匙的影片（其實是耍花招），之後魔術師把鑰匙放在桌上，往後站，然後說：「大家看，很神奇，鑰匙還在彎曲。」後來我問所有學生他們看到什麼。有一半以上相信他們看到鑰匙放在桌上還繼續彎曲，不知道魔術師是怎麼辦到的。這顯示專業欺騙者只要善用多年的經驗，自信地說出一句話，就能讓人相信他們親眼看到不可能發生的事。

降靈會的心理

科學家與魔術師合作，重新模仿十九世紀風行一時的「降靈會」，結果證實這套騙術仍然有效。在被暗示的情況下，受試者真以為有超自然現象。這套騙術，甚至可以利用來促銷商品。

我最難忘的研究是探索「暗示」在降靈會中扮演的角色。[35] 這些研究大多是和友人安迪‧尼曼（Andy Nyman）一起做的。安迪是經驗老到的演員與魔術師，他為英國知名的電視魔術師戴倫‧布朗（Derren Brown）發明了許多東西。我第一次見到安迪是在一場魔術大會上，我們發現我們都對十九世紀假通靈人用來塑造降靈會假象的技巧很感興趣。我們很好奇這種百年的騙術還能不能欺騙現代的觀眾，所以決定聯手展開一系列少見的研究。

計畫很簡單，我們邀請一群人來看我們重新上演維多利亞降靈會，運用各種技巧（包括暗示）來偽裝通靈活動。然後我們會問參與者感受到什麼，藉此評估他們是不是真的被我們騙了。

首先我們需要找一個令人毛骨悚然的地點，我們找到倫敦拘留所，那是個潮濕陰暗的維多利亞時代監獄，如今已經停用，這地點恰到好處。地主好心讓我們租用這個場地一週，我們每晚上演兩場假戲，每場降靈會都有二十五人參加。

　　大家到場時，我們先請他們填寫一張小表格，問他們是否相信超自然現象的存在。然後我便帶著大家穿梭迷宮般的地下監獄走道，簡要介紹維多利亞通靈會的歷史。最後帶他們穿過狹窄的通風井，進入監獄中央的大房間。在這裡，安迪會向大家自我介紹，表示今晚由他來當通靈人。他以燭光照著臉，請大家跟著他一起圍坐在房間中央的大桌子邊。

　　接下來的二十分鐘，安迪告訴大家一個虛構的鬼故事，是某位不存在的維多利亞時代音樂廳歌手瑪麗・安布絡斯（Marie Ambrose）遭到謀殺的故事。安迪說瑪麗就住在監獄附近，監獄裡常可看到她的鬼魂。接著安迪把幾件物品傳給大家看，宣稱那是和瑪麗有關的東西，包括手搖響鈴、手鐘、一顆籐球。其實那些都是我幾天前才從二手店買來的東西。所有物品及大家圍坐的桌子都塗上一點亮光漆，讓大家在黑暗中也可以看到。安迪把東西放在桌上，叫大家牽起手來，吹熄蠟燭。整個房間頓時一片漆黑，桌上的物品因為有亮光漆所以還看得見。安迪開始慢慢召喚安布絡斯不存在的靈魂。

　　安迪先叫大家專心看著籐球，幾分鐘後，籐球騰空幾英尺，在通靈室中移動，又慢慢回到桌上。接著，他們又注意看手搖響鈴，響鈴緩緩滾過桌面。這些驚悚的現象都是二十世紀初假通靈人用來騙人的簡單伎倆。我們很快就發現這些伎倆對現代的觀眾還是一樣有效。我們用紅外線攝影機拍下許多場通靈會，影片中顯示圍坐在桌邊的人有人瞠目結舌、有人尖叫、很多人嚇得直發抖。

　　接著是當晚的重頭戲，也就是暗示的部分。安迪要求瑪麗

移動又大又重的桌子，讓大家知道她在現場。桌子完全沒動，但安迪暗示大家桌子騰空了，並搭配「瑪麗，做得很好」、「再把桌子抬高一點」、「現在桌子在動了」之類的話。安迪接著讓瑪麗的靈魂回歸陰界，把燈打開，謝謝大家光臨。

兩週後，我們寄問卷給實驗對象，詢問他們在降靈會上的感受。我們先問大家是否認為他們見證的一切真的是超自然現象。事前表示相信超自然現象的人中，有40％的人認為那真的是鬼魂活動的結果。但是事前表示不相信的人中只有3％認為是真的鬼在活動。接著我們檢視「暗示」有沒有效果，結果很驚人，有三分之一以上的人表示他們真的看到桌子騰空了。參與者事前是否相信超自然現象仍是重要的影響因素。有一半原本不相信的人表示桌子沒動，原本相信的人中只有三分之一認為桌子沒動。問卷中也問大家在降靈會上有沒有出現不尋常的感覺。結果我們營造的氣氛讓大家感受到各種毛骨悚然效果，五分之一的人說他們打冷顫，有股很強的能量穿越他們，感覺房間裡有神秘的東西存在。

這結果很明顯了。就像簡單的暗示可以騙人回想起虛構的兒時記憶一樣，暗示也可以讓很多人感受到不可能的事。

辦完降靈會後過了幾年，我和電視公司合作探索同樣的技巧是否能用來創造新世紀的鬼扯信仰，甚至讓人掏出血汗錢買單。

研究開始以前，我們到五金行買了兩樣東西：價值五十便士的黃銅窗簾吊環和兩英鎊的鉻合金吊燈拉線。赫福郡大型購物中心的經理好心讓我們在購物中心的中央進行實驗。

　　實驗的最初階段是建立基準。我們攔住一些人，請他們把銅環或拉線放在手中，請他們告訴我們有沒有感受到異狀。果然，沒有人說覺得有什麼，接下來就是運用暗示的時候了。

　　我向下一批路過者解釋，我是心理學家，設計了兩種可以讓人感受有點不同的物品，現在想做實地測試。大家把這些東西放在手中，但這次的反應很不一樣，之前我們只看到大家面無表情，現在暗示開始改變他們的想法，大家紛紛表示他們有感受到奇怪的效應。有些人說這東西讓他們放鬆，有些人說他們覺得稍微麻麻的。他們往往會感受到其中一個有效，另一個沒效，他們也都很想知道兩者的差異何在。我問他們願意花多少錢買這些東西時，他們的估價介於五到八英鎊之間。

　　到目前為止，我們只用到口頭暗示而已，現在是加入一些視覺要素的時候了。我穿上白色的實驗衣，買了兩盒便宜的窗簾吊環和吊燈拉線。我找了許多購物者，大家還是很好心地幫我測試，我解釋這兩項裝置可讓人產生奇妙的感受，想請人為這兩項物品提供誠實的意見。這次大家的反應更激烈，有一個人說黃銅吊環讓他覺得很亢奮，另一人說鉻合金拉線讓他覺得手好像磁鐵一樣，兩手可以相吸。還有一個人說她覺得手好像有電流穿過一樣。這實驗充分顯示，使用暗示就能輕易騙到他們的錢。現在大家願意為五十便士的黃銅拉環與兩英鎊的吊燈拉線付多少錢呢？

　　大家的估價是介於十五與二十五英鎊之間。

第3章

什麼事都有可能
靈異心理學

　　倫敦索威飯店（Savoy Hotel）以美食、優質服務及華麗的裝潢聞名，當然還包括那三呎高的木雕黑貓卡斯帕（Kaspar）。一八九八年，英國企業家沃夫‧約耳（Woolf Joel）在索威飯店預訂了十四人座的桌子，一位賓客臨時無法赴約，讓他只剩十三人共餐。沃夫決定不理會十三人共餐不吉利的無稽之談，照樣宴請賓客。三週

後，他到南非旅遊，在一起駭人聽聞的謀殺案裡中彈身亡。意外發生後的數十年間，索威飯店都不讓十三名賓客一起在飯店共餐，他們會特地派一名職員加入他們，湊足十四人，不想再冒險扯上謀殺案。一九二〇年代，飯店請設計師貝索‧隆奈茲（Basil Lonides）做了一尊雕像取代服務生，卡斯帕就此誕生。從那時起，這尊美麗的裝飾

chapter 1

chapter 2

chapter 3

chapter 4

chapter 5

chapter 6

為什麼迷信傷財又害民？

為什麼看似不可能的巧合卻意外成真？

人如何從燒紅的木炭上踩過？

鬼屋的真相及令人聞之喪膽的超低音波？

藝術就一直陪伴富有的十三位賓客一起進餐。每次飯店都會為卡斯帕準備餐巾與整套餐具，為他和其他人上一模一樣的菜餚。他顯然也是邱吉爾的最愛，二次大戰期間，一群在飯店用餐的傲慢軍官強行擄走卡斯帕，邱吉爾還特地把他找回來。

我們的一生充滿迷信與奇幻異想，所以這個主題的古怪研究較多，或許也不足為奇。相關的研究包括廣泛訪問房地產仲介業者、觀察新幾內亞遙遠地區的漁民、在全國玩「傳遞包裹」遊戲、在古典音樂會上秘密加入低頻聲波、讓一群人走過六十呎長的火紅炭堆等等。這些研究結果透露大眾為什麼會相信不可能的事、詭異的巧合為什麼會意外成真、人在鬧鬼的屋子裡為什麼會感應到靈異現象。

迷信

芬蘭科學家統計了十三號星期五與其他日子星期五的車禍事件，結果十三號星期五發生交通意外事件比其他的星期五都還要多。十三號星期五真的不吉利嗎？

　　塞繆爾・約翰遜博士【譯註：Samuel Johnson，英國歷史上最有名的文人之一，集文評家、詩人，散文家、傳記家於一身，獨力編出《英語詞典》，為他贏得「博士」頭銜。】出門時總是先跨出右腳以求得好運，他也會避免踩到人行道上的裂縫。希特勒對七的神奇力量深信不疑。伍德羅・威爾遜總統（Woodrow Wilson）認為十三一直為他帶來好運，他說自己的名字由十三個英文字母拼成，他在普林斯頓任教十三年後當上該校的第十三任校長。[1]菲利浦親王下場參與馬球比賽以前，都會輕拍馬球帽七下。瑞士網球好手辛吉斯據說打球時會避免踩到網球場兩側的邊線。美國籃球明星查克・珀森（Chuck Persons）坦承上場前如果不先吃兩條奇巧巧克力（Kit Kat）或兩條士力架巧克力（Snickers），或奇巧與士力架各一條，他就會緊張。[2]據說連諾貝爾物理學獎得主尼爾斯・波爾（Niels Bohr）也在門口放一塊馬蹄鐵。（雖然證據爭議未定，但有人問波爾是否真的認為馬蹄鐵可以為他帶來好運時，他回答：「我沒有那麼想，不過有人告訴我，不管你信不信都有效果。」）

　　不光是親王、政治人物、物理學家有不理性的現象，最近

蓋洛普民調也顯示，53％的美國人表示他們至少有點迷信，25％坦承他們有些迷信或非常迷信。[3]另一項研究顯示，72％的人至少擁有一個幸運符。[4]二〇〇三年，我和英國科學促進協會（British Association for the Advancement of Science）合作進行的迷信調查也顯示，現代的英國社會裡有普遍迷信的現象，80％的人習慣敲敲木頭以免觸霉頭，64％會交叉手指以祈求上蒼保佑，49％的人會避免走過梯子底下以防厄運。[5]美國最聰明的學生也會做出類似的舉動，哈佛大學的學生在考試之前習慣去摸約翰‧哈佛（John Harvard）雕像的腳以求好運。麻省理工學院的學生則是去摸發明家喬治‧伊士曼（George Eastman）銅像的鼻子。多年下來，哈佛的腳和伊斯曼的鼻子都因為大家的迷信而愈摸愈亮。

很多傳統的信念沒什麼壞處，例如敲敲木頭、隨身攜帶護身符等等，但有些迷信的影響就比較嚴重了。

一九九三年初，研究人員想了解住門牌十三號的房子是不是真的比較不幸，[6]所以他們在三十份地區報紙上刊登廣告，請門牌十三號的住家與他們聯繫，判斷他們搬進去住以後是不是運氣變糟了。結果有五百戶住家回函，其中有十分之一表示，他們搬進去以後比較常碰到倒楣的事。研究人員也想知道迷信會不會影響房價，於是他們訪問全國的房地產仲介業者。有40％的仲介業者表示，購屋者往往會迴避門牌十三號的房子，導致賣家必須降價求售。

有時候迷信可能攸關生死。第一章中我們提過大衛‧菲利普，他對人的生日會不會影響死期很感興趣。菲利普在《英國

醫學期刊》（*British Medical Journal*）上發表過一篇文章，說明迷信與確切死亡時間之間的關聯。[7]在中文、廣東話與日文中，「死」和「四」的發音幾乎相同，許多華人醫院裡沒有四樓，有些日本人每月四日出遊時會提心吊膽。這種迷信的關聯也延伸到加州，店家或公司在加州開業時可以自選電話號碼的後四碼。菲利普發現，中式與日式餐館的電話號碼中，4的數目比一般少三分之一，美式餐館並沒有這種情況。這些現象讓菲利普不禁懷疑，每月四日所產生的迷信壓力會不會對健康造成很大的影響？例如，會不會使心臟病發作？

為了評估這些迷信對健康的影響，菲利普和他的團隊分析一九七三至一九九八年間美國四千七百多萬人的死亡記錄。他們比較華裔與日裔美國人與白種美國人的死亡日期，結果發現，中日裔人口中，每月四日因心臟病過世的人數比其他日子高7％。把焦點放在慢性心臟病時，這數字升至13％，但白種美國人的死亡率並沒有增加。這項研究頗具爭議性，有些研究人員提出質疑。[8]不過，菲利普和團隊都相信的確有詭異的事情發生，他們還以查爾斯‧巴斯克維爾（Charles Baskerville）的名字為這種現象命名。巴斯克維爾是福爾摩斯偵探小說《巴斯克維爾獵犬》（*The Hound of the Baskervilles*）裡的主角【譯註：巴斯克維爾因迷信害怕獵犬的鬼魂會復仇】，他就是在極度的心理壓力下，引發心臟病發作身亡。

迷信的人在不經意下害死自己是一回事，他們的迷信直接影響別人的生死又是另一回事。湯馬斯‧史坎蘭（Thomas Scanlon）與同事觀察十三號星期五的車潮、購物中心的人

潮、以及急診室的就醫人數。在兩年的觀察期間，他們發現，在十三號星期五，倫敦M25環城高速公路的車流量比六號星期五減少許多，這表示比較不安的駕駛人可能沒有上路。他們接著觀察這兩天的醫院求診類別，包括中毒、毒獸傷害、自我傷害、交通意外事故等等，其中只有交通事故有顯著的差異，十三號星期五的交通意外事件比六號星期五多。[9]差異並非微不足道，在不吉利的日子裡，意外事件激增52％。不過，史坎蘭和同事只取得一家醫院的就診資料，數字較少，所以他們的發現可能純屬巧合。芬蘭研究人員西摩‧納哈（Simo Näyhä）做了另一個規模更大、一樣有爭議性的研究，他檢查一九七一至一九九七年間全芬蘭的類似記錄。[10]這次研究中包含324個十三號星期五與1339個對照組星期五，研究結果呼應上述的研究，其中女性的資料更是明顯。男性死亡記錄中，只有5％是和日子不吉利有關，而女性的比例則高達38％。兩組研究人員都把意外事件比率的增加歸因於駕駛人在不吉利的日子比較緊張的緣故。所以結論很明顯：迷信會害死人。

火馬年

日本傳統迷信認為「火馬年」會降臨厄運。日本上個火馬年是一九六六年，研究發現當年日本女嬰的死亡率特別高，足以推斷很多當年出生的女嬰因為民間迷信而被犧牲了。

迷信也會對整個社會產生很大的影響，根據古代中日曆書，每年是由兩個因素組合而成：十二生肖（例如羊、猴、雞）與十天干（例如土、金、水）【譯註：這裡其實有點誤導，十天干其實是甲、乙、丙、丁、戊、己、庚、辛、壬、癸，而天干還與「金木水火土」等五行相配，即甲乙屬木、丙丁屬火、戊己屬土、庚辛屬金、壬癸屬水。】，火馬年每六十年才出現一次，幸好是久久一次，因為它代表厄運降臨。根據傳說，火馬年出生的女性生性暴躁，是大家盡量迴避的老婆人選。這個傳說雖然年代久遠，但是在現代的日本社會裡，仍因「八百屋於七物語」（八百屋お七物語）所改編的歌舞伎而流傳至今。八百屋於七的故事是說，一六八二年，於七愛上年輕的寺院雜役，她覺得製造小火災可以讓他們倆人在一起。很不幸，她生於火馬年，火勢一發不可收拾，最後幾乎摧毀了整個東京。

上個火馬年是一九六六年，日本研究人員加來奏繪（Kanae Kaku）決定藉此機會研究迷信對全體日本人是否有影響，[11] 答案是影響相當深遠。一九六六年日本的生育率下降25％（那一年出生的嬰兒數少了近五十萬人），人工流產則是增加兩萬

件。後來加來奏繪發現，不止日本如此，一九六六年住在加州與夏威夷的日本人也有出生率下降的現象。[12] 在好奇心的驅使下，加來奏繪深入研究資料，發現更驚人的結果。[13] 根據傳說，火馬年出生的女性命運特別悲慘。一九六六年還沒有簡單的方法可以判斷胎兒的性別，所以減少女嬰人數的唯一方式是殺死女嬰。父母真的會因為古老的迷信傳說而置女嬰於死地嗎？加來奏繪觀察一九六一年至一九六七年間新生兒因意外、中毒、暴力致死的死亡率，結果讓人看了不寒而慄。一九六六年，新生女嬰的死亡率比前後幾年高出許多，這些資料讓加來奏繪因此推斷，火馬年出生的日本女嬰的確因為民間迷信的傳說而犧牲了。

　　日本研究人員平憲二（Kenji Hira）與京都大學的團隊評估另一種日本迷信所衍生的財務代價。[14] 一八七三年以前，日本是使用一週六天的陰曆，每一天分別是先勝（Sensho）、友引（Tomobiki）、先負（Senpu）、佛滅（Butsumetsu）、大安（Taian）、赤口（Shakku）。時至今日，大家還是把大安當成吉日，佛滅當成凶日，所以很多醫院的病患希望能在大安日出院。近三年的醫院數據顯示，許多病人的確會為了等大安日而延長住院時間。研究人員估計，這種迷信行為每年讓日本多耗費了近一千四百萬英鎊。不僅日本如此，愛爾蘭也有一種迷信的說法，如果週六離開某地，不太可能離開太久（所謂「週六遷，速折返」）。研究人員分析四年間共七萬七千筆的生產資料，發現週六出院的產婦比預期少35％，週五與週日出院的人數則分別增加23％與17％。[15]

結論很明顯：迷信不只會衍生敲敲木頭或交叉手指等等無害的舉動而已，還會影響房價、交通事故的傷亡人數、墮胎率、每月死亡統計數據，也會讓醫院浪費許多資金在沒必要的醫療護理上。

既然迷信有那麼重要的影響，很多研究人員自然會深入探討，為什麼那麼多人讓不理性的想法影響他們的思考與行為模式。

3-3

彩券、滿月抓狂、十三俱樂部

有很多人執意嘗試各種奇奇怪怪的方式以提高中獎機率；
就連醫院的醫護人員也覺得滿月時工作壓力最大。科學家
於是設計各種實驗，想找出是否真有人比較幸運、或真有
事情會帶來不幸……

　　迷信的人主張，這些想法一定有它們的道理，因為它們都
已經過時間的考驗，這麼說也是有理。從古至今各種文明中幾
乎都可以看到幸運符、護身符與避邪物。敲敲木頭則可遠溯及
異教徒的儀式，這是為了祈求強大的樹神幫忙。梯子靠牆擺放
時，古人會把梯子與牆自然形成的三角形當成三位一體的象
徵，從梯子下方穿過等於是破壞三位一體。大家認為十三號不
吉利，是因為耶穌的最後晚餐中有十三人。[16]

　　但質疑者認為，這些歷史資料並沒有證實迷信的真實性，
只顯示根深柢固的不合理現象，科學驗證一直無法證實這些迷
信成立，他們這麼說也有道理。迷信行為與國家彩券之間的關
聯就是一個很好的例子。每星期全球各地都有數百萬人買彩
券，希望自己能幸運中大獎，改善生活。兌獎號碼是隨機開出
的，應該沒有什麼方法可以預測開獎結果。但是還是有很多人
執意嘗試各種奇奇怪怪的方式以提高中獎機率。有些人每週都
買同一組「幸運」數字，有些人是根據重要的事件選號，例如
生日、孩子年齡等等。有些人想出令人費解的方式，例如把每

個數字各寫在一張紙上，把紙鋪散在地板上，讓貓走進房裡，選擇貓碰到的數字。

英國剛推出國家樂透彩時，我和心理學家彼得‧哈里斯（Peter Harris）及馬修‧史密斯（Matthew Smith）合作驗證各種選號的方式。[17]我們和BBC的電視節目《大驚奇》（Out Of This World）一起進行大規模的實驗，請一千位購買彩券的人在開獎前先把號碼寄給我們，告訴我們他們覺得自己幸不幸運，並說明他們的選號方式。我們很快就收到七百人傳回彩券問卷表，他們總共想買兩千多張彩券。馬修和我在開獎日前把大家的選號輸入大型試算表中。做完後我們突然發現，我們收集了一些非常特別的資訊。如果幸運者選中的得獎號碼真的比不幸者多，幸運者有選但不幸者沒選的號碼應該比較有可能是得獎號碼。我們事前沒想到這點，但是如果這個理論是對的，我們為實驗收集的資料可能會讓我們變成百萬富翁。

馬修和我為了這麼做是否合乎道德討論了一會兒，我們就開始分析這些資訊。我們注意到有些數字是幸運者有選但不幸者沒選的，後來我們慢慢找出「最可能」的中獎號碼是：1、7、17、29、37、44。於是我生平第一次、也是唯一一次買了一張彩券。英國國家樂透彩是每週六晚上在黃金時段的節目上現場開獎。一如往常，四十九顆球放在轉輪中，開獎時會隨機開出六個號碼，外加一個特別號。結果開出的號碼是：2、13、19、21、45、32，我們一個號碼也沒矇對。但是我們實驗中的幸運者與不幸者有比我們好嗎？其實大家都一樣，幸運者猜中的數字並沒有比不幸者多。用迷信方式選號的人也和隨

機選號的結果差不多。根據生日、孩子年齡、寵物行為選號的人得到的結果也差不多。總之：理性勝過迷信。

有些研究人員以更特別的方式研究這個議題，其中我最喜歡美國高中生馬克・雷文（Mark Levin）所做的實驗。[18]雷文和朋友驗證黑貓經過面前會帶來厄運的傳說。首先，他們先請受試者玩簡單的拋硬幣電腦遊戲，讓受試者猜硬幣是正面朝上還是背面朝上，藉此衡量他們的運氣好壞。接著，這些人緩步行經走廊時，資深馴貓師讓黑貓穿過他們的面前。最後，所有受試者再玩一次拋硬幣遊戲，重新衡量他們的運氣。經過多次拋硬幣遊戲與黑貓試驗後，研究結果顯示，黑貓沒有造成任何影響。研究人員為了完全確定他們沒遺漏什麼，又用白貓重新做一次實驗，還是得出毫無影響的結果。雷文在研究報告的最後寫道，批評者可能會主張，黑貓帶來的厄運只會影響現實生活的情境，而不是拋硬幣遊戲，但他反駁：「我有一隻黑貓，牠從我面前經過幾百次了，但我的學業成績或社交生活並沒有任何惡化跡象。」

研究人員也在看似最理性的地方進行類似的實驗：醫院。醫護人員的迷信程度其實頗令人意外，由滿月相關的行為研究可見一斑。有一群美國研究人員檢視一年內一千五百位外傷病患住院的病歷，他們發現滿月與否和入院人數、死亡率、受傷類別或住院天數並沒有關聯。[19]即便如此，一九八七年一份名為《滿月抓狂》（Lunacy）的調查報告顯示，有64%的急診室醫生相信滿月會影響病患的行為，[20] 92%的護士也表示滿月時的工作壓力較大，不過因為護士也主張那些壓力讓他們有正當

的理由領取「滿月津貼」，所以懷疑者有理由質疑上述說法的真實性。

　　迷信的還不只這些。由於在戲院中講祝福的話都是不吉利的（所以演員會互祝對方「斷條腿」）【譯註：實為「祝你成功」的意思】，所以在急診室工作的醫生認為「今晚看起來很平靜」之類的話也會招致病患接踵而來。麻州綜合醫院的安德魯‧岸恩（Andrew Ahn）與同事驗證這種迷信說法，並在《美國醫學期刊》（*The American Journal of Medicine*）中發表文章說明。[21] 他們把三十位醫生隨機分成兩組，「倒楣組」收到的訊息是「值班順利」，對照組則收到空白字條。

　　倒楣組並沒有比對照組遇到更多的病人或睡眠較少（其實收到訊息的人似乎還比收到白紙的人更少遇到病人，睡眠也比較多）。這項研究就像科學上所有重要發明一樣，如今在世界各地都有人重複驗證。其一是英國醫生派翠克‧戴維斯（Patrick Davis）與亞當‧福克斯（Adam Fox），他們隨機把急診室的工作日分成兩種：對照日或問題日。[22] 對照日那天，工作團隊閒聊天氣；問題日那天，他們都說當天應該會很平靜。他們的實驗結果和美國醫生的研究結果一樣，兩種情況的就醫人數都沒有顯著的差異。

　　或許最系統化與徹底的迷信驗證可遠溯及十九世紀末。一八八○年代。美國南北戰爭的老將威廉‧傅勒上尉（William Fowler）決定在紐約成立十三俱樂部，向命運挑戰。[23] 他的作法很簡單，每月十三號，他會邀請十二位賓客和他一起共進晚餐，共同打破多樣大家普遍迷信的想法，例如鹽

撒落在桌上、叉子交叉放著、把打開的傘放在室內等等。這個實驗後來一炮而紅，很快就變成紐約最熱門的社交俱樂部，使傅勒不得不找更大的房間，放更多張桌子，每桌各坐十三人。後續四十年左右，俱樂部的會員人數增至數千人，榮譽會員還包括連續五任的美國總統，會員不信邪的強烈心態不容忽視。一八八六年十二月十三日，政治家、無神論者兼演說家羅伯特‧格林‧英格索（Robert Green Ingersoll）對俱樂部演講時提到：

> 這世界最重要的事就是破除迷信。迷信有礙人類幸福，是可怕的毒蛇，以駭人之姿從天而降，以毒牙穿刺人心。有生之年我要盡我所能消滅這個怪獸。[24]

英格索接著繼續說，他死了以後，如果發現還有來世，他也會在來世持續和相信超自然力的人爭辯。十三俱樂部的成員雖然經常參與據說會招致厄運、死亡與疾病的行為，但他們都相當健康快樂。一八九五年在十三俱樂部的晚宴上，傅勒表示俱樂部成員的死亡率比一般大眾的死亡率**稍低**。一九三六年，曾擔任俱樂部會長的亞瑟‧李曼（J. Arthur Lehman）提出以下的看法，強調破除迷信的正面效果：

> 對於想要獲得真正好運、幸福與健康的人，我的建議是今天就破除一切迷信的想法……我記得的每位俱樂部成員都很幸運……我現年七十八歲，我想你再也找不到比我更快

樂或健康的人了。

既然迷信毫無根據，為什麼它們還禁得起時間的考驗，代代相
傳？新幾內亞海岸的島民與第一次波斯灣戰爭期間面對飛毛腿
飛彈威脅的以色列人可以為大家提供一些答案。

3-4

美拉尼西亞人與飛彈

科學家觀察新幾內亞小島上的原住民行為時發現：迷信讓
居民在面對無情命運的明槍暗箭時，有種掌控感，更為心
安。另一項在戰地的研究現，在高風險地區的人會比低風
險區的人，產生比較迷信的想法與行為。

布朗尼斯勞・馬凌諾斯基（Bronislaw Malinowski）是世界
最偉大的人類學家，他在波蘭成長，原本念數學與自然科學。
一次偶然的機緣下，馬凌諾斯基的人生從此轉換跑道。他在準
備一場外語考試時，碰巧翻到知名人類學家詹姆士・弗雷澤
（James Frazer）所寫的《金枝》（*The Golden Bough*）。弗雷
澤在著作中詳細研究全球多種文化的巫術與宗教，那本書激勵
馬凌諾斯基前往英國展開人類學的研究生涯。第一次世界大戰
爆發時，馬凌諾斯基為了避免遭到扣留，跑到新幾內亞外海的
美拉尼西亞小島，浸淫在托比安島島民（Trobriand Islanders）
與世隔絕的社群文化中。他的著作《南海舡人》（*Argonauts
of the Western Pacific*）就是描寫他在當地的研究，如今是全球
公認的傑作。[25] 馬凌諾斯基研究托比安島人日常生活的許多層
面，對他們的迷信行為特別感興趣。他發現托比安島人在礁湖
區比較平靜的海域工作時，是使用標準的捕魚技巧。只有進入
比較危險的外海時，才使用複雜的巫術與迷信方式。馬凌諾斯
基推測，迷信的行為和他們不可預測的生活有關。在礁湖區捕

魚時變數不大，他們覺得自己可以掌控情勢，沒必要採取迷信的行為。到了外海，情況就完全不同了。他們知道外海的局勢難料，所以會嘗試各種巫術，想要掌控局勢，降低風險。簡單地說，馬凌諾斯基認為迷信讓他們在面對無情命運的明槍暗箭時，覺得可以掌控，更為心安。

不止一九二〇年代與世隔絕的島民有不理性的想法，讓托比安島人在外海採取繁複儀式的壓力也是導致我們敲敲木頭、交叉手指、收藏兔子腳的原因。

一九二〇年代中期，德國的通貨膨脹太高，導致大家以購物袋裝著紙鈔到處跑，一拿到錢就急著趕快花掉，以免隔天大幅貶值。一九三二年已有近半數的人口失業。一九八二年，馬歇爾大學的維儂·派德傑（Vernon Padgett）與加州州立大學的戴爾·約根森（Dale Jorgenson）發表一篇論文，比較兩次世界大戰期間德國各大報章雜誌內占星、怪力亂神、信仰等相關文章的篇數及每年的經濟威脅度。[26] 他們也計算園藝與烹飪等文章的篇數作為對照組。經濟威脅指數是以薪資、失業的工會會員比例、工業生產為基礎計算。經濟蕭條時，迷信文章的篇數增加。經濟好轉時，這類文章減少。兩因素之間的明顯關係讓作者推論：

……就像托比安島人以迷信面對比較危險的深海魚撈一樣，一九二〇年代與一九三〇年代的德國人在經濟威脅時期也變得比較迷信。

作者把他們的發現和比較廣泛的社會議題聯想在一起，他們表示，在愈不穩定的時期，大家會尋求確定感，這樣的需求會讓他們支持強大的領導體制，相信各種左右命運的不理性因素，例如迷信與怪力亂神。

一九九一年波斯灣戰爭期間，以色列特拉維夫大學的心理學家做了一項研究，清楚說明了同樣的概念。[27] 波斯灣戰爭爆發後不久，特拉維夫與拉馬特甘等城市都面臨飛毛腿飛彈的威脅，耶路撒冷與提比里亞等其他城市則比較安全。研究人員想知道住在比較危險的地區會不會讓人變得比較迷信。為了證實這個論點，他們規劃了一份關於迷信的問卷。有些問題和眾所皆知的奇幻異想有關，例如和幸運者握手或帶幸運符會帶來好運嗎？有些問題則是和戰爭爆發後才衍生的新迷信行為有關。例如，一九八〇年代中期開始，以色列的建築中都有房間可以用塑膠封起，以免住戶遭到毒氣攻擊。問卷裡的問題包括：大家會不會覺得先以右腳踏入封閉室比較好？如果封閉室裡有人的家曾被擊中，這次被擊中的機率會不會比較高？接著，研究人員到高風險與低風險區挨家挨戶訪問兩百人有沒有這些行為。結果研究人員的猜測獲得證實：高風險地區的人會比低風險區的人產生比較迷信的想法與行為。

新幾內亞、德國與以色列的研究人員都認為，許多人變得迷信是為了因應不確定性。不過，其他研究也顯示，迷信也可能源自於截然不同的原因，而且會造成更負面的後果。

感染性思考

受試者寧可穿沾過狗糞但還沒洗的毛衣（真的有衛生問題的考量），也不想穿殺人魔穿過但已經洗乾淨的毛衣。

　　弗雷澤在談巫術與宗教的經典文獻中說明奇幻異想，其中最基本的一點是「傳染律」。根據理論，物件和人接觸後，就會獲得那個人的「本質」。某些巫術儀式中，想下咒的人可以取得受害者的毛髮或修剪下來的指甲屑，藉此對受害者施加影響力（通常是負面的）。

　　心理學家保羅・羅詹（Paul Rozin）與賓州大學的同仁想知道這類想法在現代西方社會裡還存不存在，以及某些偏見與不理性是不是源自於這些想法，所以他們進行了一連串不尋常的深入實驗。[28]研究人員詢問受試者：

當你穿上一件男女都可穿的藍色鬆軟大毛衣時，你的感覺如何。那件毛衣幾天前才洗過，不過是新的，從來沒有人穿過或擁有過。

大家的答案並不令人意外，大家都說穿那件毛衣沒問題。實驗者接著請受試者想像，如果那件毛衣曾被輸血感染愛滋病的人穿過，幾天前也已經洗過，那位有愛滋病的人只穿了毛衣三十

分鐘，結果大家突然都說他們不想穿那件毛衣了。他們雖然知道不會有健康或衛生的問題，迷信的感染效應還是開始發威，他們就是沒辦法穿上那件毛衣。羅詹與同仁不斷變換毛衣主人的設定，他們發現毛衣曾屬於邪惡化身的人時，會讓人產生最強烈的反感，例如連續殺人魔或瘋狂領導者。事實上，羅詹的研究顯示，大家寧可穿沾過狗糞沒洗的毛衣（真的有衛生問題的考量），也不想穿殺人魔穿過但洗過的毛衣。

小小世界年年縮

> 大家最常碰到的巧合是「世界真正小」的現象，例如陌生人在派對中相遇，發現他們有共同的熟識。經過實驗發現，自認幸運者所處的世界真的比自認不幸者小，這也進一步增加他們生活中「幸運」巧遇的可能。

我們常會因為經歷看似詭異的事件而對世界產生奇想，巧合的概念讓同時發生的事情看起來別有意涵，不像是一時湊巧。美國總統甘迺迪與林肯之死可能是大家最熟知的巧合事件。林肯在福特劇院遇刺身亡，甘迺迪搭乘林肯轎車時遇害，林肯轎車剛好是福特汽車製造的。林肯於一八四六年當選眾議員，甘迺迪於一九四六年當選。林肯於一八六〇年當選總統，甘迺迪於一九六〇年當選。兩人的姓氏都包含七個字母，兩人都是在週五遇害。他們死後繼任的總統都叫詹森，安德魯‧詹森（Andrew Johnson）生於一八〇九年，林登‧詹森（Lyndon Johnson）生於一九〇九年。

這種驚人的巧合不光只有美國總統有，多數人的生活中偶爾都會發生。一九二〇年代，有三位素昧平生的人搭火車穿越秘魯，他們坐在同一截車廂裡，彼此自我介紹，結果發現第一位的姓氏是賓漢，第二位是鮑威爾，第三位是賓漢－鮑威爾。一九五三年倫敦索威飯店也發生另一件很巧合的事件，電視台記者爾夫‧庫伯西內特（Irv Kupcinet）為了報導伊麗莎白女

王二世的加冕大典，住在這家飯店裡。他打開飯店房裡的某個抽屜，發現裡面有朋友亨利‧漢寧（Harry Hannin）的東西。漢寧是哈林花式籃球隊（Harlem Globetrotters）的經理人，兩天前庫伯西內特才接到漢寧的來信，說他待在巴黎的莫里斯飯店，在房間抽屜裡發現庫伯西內特的領帶。碰到這麼奇特的事件時，許多人會說：「那機率有多小？」然後就不再追究了，不過有些學者還會進一步深入探究，例如史丹佛的數學家普西‧戴爾哥尼斯（Persi Diaconis）。

拉斯維加斯的賭場邀請戴爾哥尼斯去判斷他們的洗牌機是不是真的隨機洗牌（他們並沒有隨機洗牌）。他使用每秒可拍攝一萬幀影像的高速相機分析人拋硬幣（結果發現硬幣會稍微偏向一開始出現的那一面），並請哈佛的技術人員開發可以完美產生隨機拋硬幣結果的機器。他也針對巧合的數學與心理學寫過重要的論文。他主張，看似不可能的巧合之所以會意外成真，都是因為鮮為人知的統計定律造成的，大數法則（Law of Large Numbers）就是一例【譯註：任何事物出現的機率，如果用愈大的數量來取樣統計的話，其結果一定愈趨近於理論上的平均值】。

每週英國幾乎都會出現一次非常驚人的巧合，大家都知道這種事的發生機率極低。事實上，贏得頭彩的機率只有一千五百萬分之一。但是這麼不可能的事件為什麼週週發生？因為買彩券的人太多了，很多巧合都是在這種情況下發生的。全世界有數百萬人過著複雜的生活，所以偶爾有人贏得頭彩或是經歷真的很不可能的事件，並不令人意外。雖然這很容易讓人以為是上天給的信號，或證明人與人之間有不可思議

的感應，但實際上一切都是偶然發生的。亞瑟‧柯南‧道爾（Arthur Conan Doyle）在《藍寶石奇案》（*The Adventure of the Blue Carbuncle*）中說得好：

> 在龐雜人群的行動與反應中，事件的各種組合都可能發生，許多小問題的出現看起來既驚人又超乎尋常。

同樣的道理也可以套用在暗藏訊息的迴文，或某些人事物的巧妙描述上。「US President Ronald Reagan」（美國統雷根）重新排列組合剛好是「repulsed and ignorant arse」（討厭無知的笨蛋），「President Clinton of the USA」（美國的柯林頓總統）也可以重新排列成「to copulate he finds interns」（他找實習生交歡）。我最喜歡的迴文是編謎者可瑞‧卡霍恩（Cory Calhoun）發現的，那是摘錄自莎士比亞《哈姆雷特》裡的名句：「To be, or not to be : that is the question : / Whether'tis nobler in the mind to suffer/The slings and arrows of outrageous fortune.」（生存還是毀滅？這是個問題。忍受狂暴命運無情的摧殘，還是挺身反抗那無邊的煩惱，把它一掃而淨，究竟哪一樣比較高貴？）結果重新組合後的句子正好是整齣劇的完美摘要：「In one of the Bard's best-thought-of tragedies, our insistent hero, Hamlet, queries on two fronts about how life turns rotten.」（在莎士比亞最膾炙人口的悲劇中，堅定的英雄哈姆雷特質問人生腐化的兩個面向。）這些例子雖然令人訝異，卻不足為奇，不過是大數法則使然而已。文字有那

麼多種組合方式，劇本與書籍的文字又那麼多，偶爾出現驚人的迴文並沒有什麼好意外的，真正令人訝異的是有人會投入大量的時間尋找這類迴文。

許多巧合都可以用大數法則解釋，不過有些時候還涉及比較深的心理學。一九九三年的調查顯示，大家最常碰到的巧合是「世界真正小」的現象，例如陌生人在派對中相遇，發現他們有共同的熟識。[29] 有七成的人表示他們碰過這種情況，有兩成的人說他們經常碰到。一九六○年代，美國知名的心理學家史坦利‧米爾格蘭（Stanley Milgram）對這種現象很感興趣。

米爾格蘭相當傑出，做過一些舉世聞名的心理學實驗。從一九六○年底開始，米爾格蘭就進行一連串的研究，探索一般人會不會因為實驗者叫他對別人施暴就真的照做。[30] 在研究中，實驗者要求受試者對另一位受試者（其實是一位演員假裝受到電擊）施予愈來愈大的電擊。受試者如果對電擊抱持疑慮，實驗者就會以「請繼續」、「實驗需要你繼續做下去」等話語來鼓勵他們持續電擊。米爾格蘭的實驗結果顯示，有六成受試者會因為穿白衣的人告訴他們繼續做，而對不幸的受害者施予可能致命的電擊。米爾格蘭的電擊實驗相當出名，每一本入門的心理學教科書幾乎都有收錄，是少數對通俗文化有重要影響的行為研究。一九七○年代中期，CBS電視台播放電擊實驗的戲劇，由威廉‧沙特納（William Shatner）飾演米爾格蘭。一九八六年，音樂家彼得‧蓋布瑞爾（Peter Gabriel）寫了一首歌「*We do what we're told (Milgram's 37)*」（我們照指示做〔米爾格蘭的三十七人〕），就是指米爾格蘭的實驗中，

四十位受試者裡，有三十七位完全聽從實驗者的指示。比較不為人知的是，他的研究啟發了後續幾個一樣令人矚目的研究。謝雷登教授（Sheridan）與金恩教授（King）覺得受試者可能已經猜到被電擊者其實是演員，所以一九七〇年代他們重做一次實驗，以真的小狗接受電擊。[31] 他們後來寫了一篇論文，名為《以真實受害者進行服從權威實驗》（*Obedience to Authority with an Authentic Victim*），文中提到只有半數的男性會對小狗施予最大電擊，女性則是全部服從指示。

米爾格蘭畢生不斷設計與進行發人省思的特別實驗。事實上，他因為以這類古怪實驗著稱，所以一九六三年十一月二十二日當他衝進同事的課堂上宣布甘迺迪遇刺的消息時，很多學生以為這又是米爾格蘭的新實驗。[32]

米爾格蘭的理論研究一向是在麻省理工學院進行，他後來決定以實務方式了解「世界真正小」背後的真相。[33] 他把一封信寄給內布拉斯加州的一百九十八人，請他們幫忙把包裹轉給「目標收件人」：一位在波士頓工作，住在麻州雪倫鎮的股票經紀人。不過有個規定，受試者不可以直接把包裹寄給這位股票經紀人，只能寄給他們認為可能會認識他的熟人。後續的每位收件者也會接到同樣的指示，只能把包裹寄給熟人而已。

這中間需要經過幾手才能把包裹寄到完全不認識的經紀人手中？美國有數千萬人，很多人發現從第一位發送者傳到目標收件人竟然只需六人時，都十分訝異，這表示我們彼此之間都僅隔六度之遙。這結果顯示，社會比我們最初所想的還要緊密交織，這也是為什麼透過口耳相傳就可以迅速傳播笑話、八卦

與潮流的原因。此外，米爾格蘭也檢視每個完整連結裡的人，從中發現一九六〇年代的美國社會結構。大家比較可能把包裹傳給同性而非異性，大多數的連結是透過朋友與熟識傳遞，而不是透過親屬。米爾格蘭的發現不僅適用在社會體系中，也可以用來解釋多種其他的網絡系統，包括供電網絡、疾病的散播、網路上資訊的傳佈、大腦神經線路的運作等等。[34]

一九九五年，數學家約翰・艾倫・包洛斯（John Allen Paulos）提及米爾格蘭的研究：

> 我們要如何以研究證實這一點還不確定，不過我猜這五十年來，任兩人之間的平均連結數已經減少，而且雖然人口不斷膨脹，但是溝通方式的進步會讓這個數字持續減少。[35]

米爾格蘭的傳遞包裹實驗那麼重要，再加上包洛斯猜測世界愈來愈小，竟然沒有研究人員想過重新實驗一次。所以二〇〇三年，我與同事艾瑪・葛林（Emma Greening）決定和《每日電訊報》（*Daily Telegraph*）的科普類編輯羅傑・海飛德（Roger Highfield）及切爾滕納姆科學展（Cheltenham Science Festival）合作探討這個議題。[36] 我們想在英國率先複製米爾格蘭的經典搞怪研究，並驗證兩個想法。第一，我們會得出和米爾格蘭一樣的連結數，還是像包洛斯所說的，連結數會比較少？第二，我們可不可能用這個現象來解釋我研究幸運者與不幸者所碰到的另一個奇怪現象？幸運者表示他們常碰到許多機緣巧合，對他們的人生產生莫大的幫助。例如，他們在派對裡

會巧遇某些人，發現彼此有共同認識的人，進而結婚或有生意往來等等。或者，他們有任何需求時，似乎總是剛好知道某人認識某人可以幫他們解決問題。相反的，不幸者很少提到自己有類似的經歷。我們想知道幸運者會不會是因為他們認識很多人，所以常有「世界真正小」的經驗，他們在不自覺中建立特別小的世界而為自己帶來好運。

我在《每日電訊報》中登了一篇短文，邀請想要參與「世界真正小」實驗的人和我聯絡。然後我把包裹寄給一百位自願受試者，裡面包括實驗說明與一套明信片及信封。說明文件中解釋，實驗的目的是把包裹送達「目標收件者」。

我們不用波士頓的股票經紀人，而是以二十七歲的凱蒂·史密斯為目標，她在切爾滕納姆市擔任科學展的企畫員。實驗方法和米爾格蘭原始的作法一樣，最初的自願受試者和後續的收件人都只能把包裹寄給他們熟識的人。每位參與者都要寄一張明信片回來，讓我們追蹤包裹在國內的移動情況。

結果從最初自願者到凱蒂之間大概只需要連四個人，比米爾格蘭的實驗少兩人。有些連結充分顯示素昧平生的人其實人脈廣的很。例如，有一位最初自願者是服飾代理商，名叫貝瑞。貝瑞住在斯托克波特，完全不認識凱蒂。他把包裹交給朋友派特，因為派特住在切爾騰納姆賽馬場附近，派特也不認識凱蒂，她把包裹交給朋友大衛，大衛剛好是切爾滕納姆科學展的負責人。賓果！大衛認識凱蒂，就這樣完成連結，把包裹直接交給她。

我們的研究是英國第一次複製米爾格蘭的實驗，平均連結

數減少可能是因為英國的人際關係比美國密切，也有可能是證實過去四十年世界愈來愈小的說法。或許電子通訊、電話網路與差旅的大幅增加，讓大家都比以前更接近了。也許在社交層面上，科學與科技真的把世界縮小了。

全球縮小的可能證據看起來都沒什麼問題，但是我們有任何證據可以顯示幸運者的人脈特別廣，所以他們的世界比多數人還小嗎？為此，我們請參與實驗的最初自願者在實驗前先評估自己的幸運程度。有三十八位自願受試者並沒有寄包裹給任何人，所以他們的包裹一定無法抵達凱蒂的手中。有趣的是，這些人在實驗以前都評估自己是不幸者。我們想了解這種奇怪行為背後的真相，這些人既然已經自願參與研究了，卻又在一開始就放棄實驗，我們寫信詢問他們為什麼沒把包裹寄出去，他們的回信透露明顯的訊息：大部分的人表示他們想不到有哪位熟人可以幫他們寄包裹。所以，從一開始，幸運者就比不幸者知道更多可能的收件人，因此他們轉寄包裹也比較成功。這些結果充分證實幸運者所處的世界真的比不幸者小，這也進一步增加他們生活中「幸運」巧遇的可能。

走在炭火上與幽靈鬼怪

真有實驗可以證明幽靈鬼怪是否存在嗎？目前，已經可以推論有些靈異經驗，可能真的是半空中詭異的東西造成的。

有些人似乎可以在火上行走，從一長列溫度高達華氏一千度的火熱木炭上走過卻毫髮無傷。科學上對這種驚人之舉的解釋是，木炭的導熱性很低，由於餘燼面積不大，傳到腳板的熱度很少。不過很多火行者到處宣揚特別的說法，藉此謀生獲利。他們表示，他們是用心靈的力量創造神奇的「力場」，保護他們免受傷害，他們還宣稱自己可以傳授這方面的技巧。科學預測，人可以毫髮無傷走過十五呎長的炭火餘燼，但是宣稱自己有超自然力的人卻誇口，他們不管走多長都沒事。

二〇〇〇年，我和BBC的科學節目《明日世界》合作，為這項說法舉行精采的測試。[37] 節目單位斥資焚燒五十噸的木頭，創造出六十呎長的火熱炭堆。宣稱擁有神力的人就在實況轉播的節目中驗證他們的超自然理論，結果他們個個走了二十五呎以後就因為雙腳二度灼傷而跳離。事後我訪問這些火行者，他們對於挑戰失敗各有一套說法。有一位說電視轉播的強光讓他無法進入成功走完全程所需的深度催眠狀態。另一位解釋，她開始走之前，守護神突然離她而去。這個結果充分顯示，相信不可能的事可能對你的身體造成多大的傷害，甚至

二度灼傷都還無法讓他們質疑自己宣稱的超能力。

　　還好，大部分的人不認為他們有超能力。不過很多人相信他們經歷過一樣詭異的現象。有三分之一的人表示他們相信鬼怪的存在，約十分之一的人說他們真的碰過鬼。我不知道鬼怪是不是真的存在，但我很確定大家都很會騙自己相信真有此事。多年來我和同事做了許多奇奇怪怪的實驗，探索靈異經驗的心理。[38] 英國的鬼屋又特別多，很多實驗都是在英國各地著名的鬼屋進行。我們是第一批受邀調查英國皇宮靈異事件的研究人員，在倫敦市郊華麗的漢普頓宮待了十天。又有一次，我們到蘇格蘭的愛丁堡，走進歷史悠久的古道深處，在好幾間明顯鬧鬼的地窖裡進行實驗。

　　大家發現我們的實驗和電影《魔鬼剋星》(Ghostbusters)裡描述的研究截然不同時，似乎都有點失望。我們不是穿著連身工作服，把吸塵器綁在背上走來走去。我們也不曾用抓鬼陷阱抓到任何幽靈鬼怪。我們的目的不是想證明或反駁鬼怪的存在，而是想了解為什麼我們常聽到有些人表示，他們在這些鬧鬼的地點碰過靈異事件。

　　多數研究是請民眾以一貫的方式小心走過這些鬧鬼的地方，請他們形容是否感受到任何奇怪與不尋常的現象。接著再研究碰過靈異現象的人以及他們說的靈異地點，就可以逐步拼湊出靈異心理。

　　我們發現有些人對鬼怪的存在比較敏感，很多穿過鬧鬼場所的人都不會感受到任何異狀，但隔一下子另一人走過同樣的地方就馬上覺得不大對勁，說他們有感應到詭異的東西存在。

感應到詭異現象的人通常都有很好的想像力，他們是絕佳的催眠對象，通常出門常忘了自己有沒有拔掉熨斗的插頭，或是想像自己忘了拔。他們似乎可以說服自己鬼魂就站在他們的身後，或躲在幽暗的角落。所以他們真的很害怕，使身體和大腦產生很多和恐懼有關的反應，例如脖子後方的寒毛直豎，頓時全身發冷。

研究也顯示背景資訊扮演很重要的角色。一九九七年，美國心理學家吉姆·賀朗（Jim Houran）和我做了一項實驗，充分說明了這一點。[39] 吉姆以一家完全沒有鬧鬼傳聞的廢棄劇院做實驗，他讓兩群人在裡頭走來走去，並評估他們碰到的異常現象。他告訴其中一組那個地方傳過很多靈異事件，所以他們會特別注意根本不存在的靈異活動。他告訴另一組這家戲院正在改裝，他們的目的是評估每間房間給他們的感覺。兩組人馬參觀劇院裡的相同位置，但是抱持截然不同的想法參觀，結果「打鬼組」比另一組回報告更多異常的體驗。

所以這表示所有靈異經驗都是想像力太豐富加上背景資訊促成的嗎？這也不盡然。已故的維克·坦迪（Vic Tandy）做了另一項實驗，顯示有些靈異經驗可能真的是半空中詭異的東西造成的。[40] 維克是電機工程師，他花很多時間研究他好奇的現象，包括魔術與鬼怪等等。一九九八年，他在一家專為醫院設計與製造維生器材的公司裡任職。維克和幾位科學家共用公司的小型實驗室，這間實驗室常有鬧鬼傳聞，很多清潔人員都表示裡面的感覺很詭異。維克原本一直覺得那是無稽之談，或是有小型毛茸茸的動物住在實驗室的結果，後來他自己也碰到

詭異的現象。有一晚他獨自一人工作到深夜，他開始覺得愈來愈不對勁，也覺得很冷。接著，他覺得好像有東西看著他，他抬起頭來看到左邊眼角處緩緩出現模糊的灰色陰影，讓他寒毛豎立，他回憶：「我真的嚇壞了。」維克後來鼓起勇氣轉頭直視那個東西，結果那個東西就漸漸消散了。

身為優秀的科學家，維克認為那可能是裝麻醉劑的瓶子外洩，導致他產生幻覺。他迅速檢查了一下，發現並沒有外洩的現象，於是他在困惑與驚嚇之下返家。

隔天，他要參加劍術比賽，所以他把鈍劍帶到實驗室做臨時修補，他把鈍劍放進虎鉗時，鈍劍突然激烈搖晃。有些人可能會覺得是妖怪在搞鬼，維克還是尋找合理的解釋，這次他發現一個理由。他小心在地板上移動虎鉗，發現鈍劍在實驗室中央的搖晃幅度最大，往角落移動時則減緩。維克認為房裡有低於人類聽力臨界的低頻聲波，進一步的調查證實了他的臆測。他追蹤到聲波是源自於抽風系統內新裝的風扇。風扇啟動時，鈍劍就會搖晃；風扇關閉時，鈍劍就會停擺。但是維克的發現可以解釋靈異現象嗎？

這些聲波通常稱為「超低頻音」，維克知道這些聲波是聽不見的，它們擁有較大的能量，可以產生詭異的效果。一九六〇年代，美國太空總署急切想探索火箭引擎發出的超低頻音，在火箭發射時可能對太空人造成什麼影響。他們的測試顯示，超低頻音的確可能震動胸腔，影響呼吸，讓人產生作嘔、頭痛與咳嗽等現象。其他研究也顯示某些頻率會讓眼球震動，因而扭曲視力。這些聲波可以移到小物件與表面，甚至可能使燭

光詭異地閃爍。維克在《心靈研究學會期刊》（*Journal of the Society for Psychical Research*）中描述他的經驗，他推測有些建築內有超低頻音（或許是因為強風吹過開啟的窗戶，或附近交通的雜音），這種低頻聲波的詭異效果可能是讓有些人相信該地鬧鬼的原因。

這個說法看起來很合理，因為超低頻音非常奇怪，可由海浪、地震、颶風、火山自然產生。一八八三年，克拉克托瓦火山（Krakatoa）爆發所產生的超低頻音環繞全球數次，世界各地的儀器上都有記錄。這些低頻聲波也是核爆的副產品，所以這也是我們設置超低頻音監聽站，時時追蹤核彈測試證據的原因。

很多動物對人類耳朵聽不到的頻率很敏感，包括超音波（高頻）與超低頻音（低頻）。人類偵測與運用動物世界的微妙震動已有很長的歷史。一八八〇年代初期，維多利亞時代的科學家法蘭西斯・高登（Francis Galton）在空心柺杖的頂端加裝超音波鳴笛，在攝政公園的動物園裡遊走，記錄哪些動物聽到他按下柺杖頂端橡膠球所發出的高頻聲波時會有反應。這種鳴笛等於是現代狗哨的前身，高登表示：「我的巡行導致犬類異常騷動，免不了會引起一些人的好奇。」最近也有概念相似的研究顯示，鯨魚、大象、烏賊、珠雞、犀牛都對低頻聲波很敏感，牠們會運用這些信號遷徙或做長距離的溝通。因為有這種現象，再加上地震與颶風也會產生超低頻音，所以有些研究人員質疑，動物能否測出這些天災發出的超低頻音，成為一種預警系統。有些人表示，這些超低頻音可能是二〇〇四年南亞

怪咖心理學之
史上最ㄎㄧㄤ實驗，用科學揭露你內心的真實想法

海嘯之前導致動物逃逸的原因。

　　軍事單位也利用低頻音波製作聽覺武器，俗稱令人聞之喪膽的「棕調」（brown note），因為據說它可以讓人的大腸震動，導致失禁。音控師很久以前就已經知道這種可能性，不過二〇〇〇年大眾才開始熟悉這個概念，當時《南方四賤客》卡通（South Park）有一集提到劇中的小孩子不小心在美國電台播放低頻音波，導致全國同時出現腹瀉現象。後續的報導促使美國科學節目《流言終結者》（Myth Busters）驗證高強度的超低頻音對人的影響。雖然受試者表示他們有噁心的感覺，卻沒有產生傳聞中的失禁效果。

　　不過有一個問題。多數軍事與工業活動都會使用高強度的超低頻音，維克又猜測超低頻音可能誘發一些詭異的靈異現象，所以該是用實驗證實的時候了。

氣氛或感應神蹟的簡單方法

研究顯示，低頻音波讓聽眾感到詭異的感覺。很多主題樂園都來電詢問研究團隊，他們可不可以使用低頻音波讓他們的駭人遊戲變得更恐怖一點。

　　我的老朋友莎拉・安格利斯（Sarah Angliss）是聲學家，專門為博物館與其他公共空間生產聲音裝置。有一晚我們聊到鬼怪與維克對低頻音波的推測。莎拉對超低頻音也很感興趣，提議我們合作進行實驗。我們需要舉辦一個活動吸引大批人群，讓他們評斷超低頻音存在與不存在時的感覺。莎拉建議把超低頻音導入演唱會現場，偵測秘密音波會不會影響聽眾對音樂的觀感。看大家會不會出現撞鬼時常碰到的詭異感受，例如覺得周遭有詭異的東西存在、身體突然發冷、背脊發麻等等。

　　莎拉領導一群優秀的音控師與物理學家建造一台高科技的低頻音波產生器，讓我們可以隨意放出低頻音波。那台機器其實是七米長的下水管，中間裝上低頻喇叭。系統第一次啟動時，莎拉也在場，她提到：

> 聲管開始和燈管、家具與其他零碎雜物產生共振。由於聲管發出的噪音極低，這種現象相當奇怪。看到物體莫名其妙的震動，很容易就可以想像低頻音波讓人誤以為撞鬼的現象。[41]

　　我們和我當時的博士班學生席阿蘭‧歐基夫（Ciarán O'Keeffe）以及國家物理檢定實驗所的聲學家李查‧羅德博士（Richard Lord）與丹‧席蒙博士（Dan Simmon）合作，使用倫敦南岸的音樂會場，舉辦兩場特別的音樂會。

　　我們的方法很簡單，每場音樂會由備受好評的俄羅斯鋼琴家婕妮亞（GéNIA）彈奏多首當代樂曲，在音樂會的四個時點，請觀眾填寫問卷，評估他們對音樂的反應，寫下是否有不尋常的感受，例如發麻的感覺或突然全身發冷等等。其中兩個時點之前，會堂中會充滿低頻音波。兩場音樂會除了低頻音波的釋放點不同外，其餘都一樣。如果低頻音波產生器在第一場演唱會的第一節開啟，在第二場演唱會的同一節就會關閉。這種相互抵銷的實驗設計可以減少其他情緒的影響，例如不同樂曲的差異。我們也會小心釋放剛好聽得見的低頻音波，在婕妮亞的音樂掩護下，可以確定觀眾不會意識到低頻音波的存在。

　　舉辦音樂會並不容易，南岸音樂會場離倫敦動物園不遠，一開始我們擔心有些動物可能會受低頻音波的影響，而產生類似一百多年前高登研究所引發的「異常騷動」。後來大略估算以後發現，動物園裡的動物其實不用擔心。不過，同樣的估算也顯示，如果我們不小心，會場的觀眾就得擔心了。高強度的低頻音波會對人體產生不利的影響。我們當然只想讓觀眾感受到安全的聲音級數。這裡可能產生的問題是：低頻音波在會場內迴盪，有些聲波可能在會場的某些地方結合，產生異常大聲的危險效果。為了防止這種情況發生，音樂會開始前必須先啟動聲管，請李查和丹仔細檢查整個會場的低頻音波級數。

研究團隊在音樂會當天早上集合，我們把聲管裝在會場的後方，把音量開到最大，大家開始地毯式掃查一遍。還好結果顯示會場裡沒有哪個地方會產生特別危險的低頻音波。這下我們放心了，繼續做準備工作。

　　我的任務是負責主持音樂會，歡迎大家蒞臨現場，解釋實驗的目的，讓大家都能填妥問卷。席阿蘭決定在哪一首曲子裡加入低頻音波，所以李查與丹控制聲管時，他就坐在他們的旁邊。莎拉是研究團隊的領隊，她也在音樂會後說明這次音樂會背後的科學意義。婕妮亞則是負責彈奏每一首曲子。

　　執行這類現場活動總是令人緊張，通常只有一次的實驗機會，萬一出狀況就糗大了。事前的宣傳讓音樂會的門票銷售一空，兩百位觀眾魚貫進場聽第一場音樂會時，婕妮亞和我在後台緊張地等候。會場燈光逐漸變暗，我上台歡迎大家光臨這場獨特的演奏會。婕妮亞完美彈奏了每一首曲子，聲管也按計畫啟動與關閉，觀眾聽得如癡如醉。每位觀眾在聽完四個實驗曲目後都填好問卷，離開會場時把問卷交給我們，我其實沒必要操心。整場音樂會進行得很順利。約一小時後，我們又為另兩百人重複一次第二場音樂會，然後我們就到附近的酒吧休息。

　　隔週，研究助理幫我們把問卷資料輸入電腦裡分析結果。莎拉的仔細規劃與準備都收到成效了嗎？低頻音波真的對我們音樂會的受試者產生毛骨悚然的效果嗎？如果有，這將會是第一個支持維克推論的實驗。好消息是，幸好沒有觀眾出現令人害怕的「棕調」現象。而更好的消息是，誠如預期，觀眾的確覺得聆聽加入低頻音波的樂曲時比較詭異。效果很明顯，平均

而言，播放低頻音波時，有22％的人表示有詭異的感覺，大家對異常感覺的描述都相當有趣。演奏某首曲子時，會場充滿低頻音波，有一位觀眾表示：「我的手腕發抖，胃不太對勁。」另一位表示：「我心跳加速，耳鳴增加，感到不安。」在另一個時點，有人說：「很像搭機正要起飛的感覺。」另一位女士表示：「身體與手臂有高潮前的緊繃感，但雙腿沒有這種感覺。」

　　全球媒體紛紛報導這些發現，所以很多主題樂園都來電詢問研究團隊，他們可不可以使用低頻音波讓他們的駭人遊戲變得更恐怖一點。不過，這還不是這項實驗最奇怪的產物。我們證實有些「靈異」經驗可能是源自於低頻音波，但有些學者又進一步實驗，他們表示同樣的低頻聲波可能也是一些神跡顯現的原因。雷汀大學的艾倫・華森（Aeron Watson）與戴維・基亭（David Keating）設計蘇格蘭新石器時代的古塚電腦模型，[42]研究人員表示，使用那套模型可以產生低頻音波的共振頻率，所以敲三十公分的鼓可以產生強大的低頻聲波。[43]有些人表示某些教堂裡的大型管風琴也可以產生類似的效果。

　　為了準備音樂會，研究團隊造訪好幾家有管風琴的教堂，發現有些管風琴的確會產生很大的低頻音波，這表示在教會裡感受到神跡顯靈的人，可能是對管風琴發出的極低音產生反應。某位管風琴製造商私下向研究團隊透露的資訊進一步證實這樣的理論，他表示，由於大家聽不到這些管樂器的聲音，所以這些管樂器可說是花大錢營造氣氛的方法，也可說是幫信眾有效感應神跡的簡單方式。

第4章

打定主意

決策心理學

　　聽好囉。想像你決定買個又好又新的計算機，你到賣計算機的店裡，店員給你看好幾種選擇，經過仔細考慮，你挑了一款要價二十英鎊的機型。這時店員看起來有點不安，他解釋明天店內商品都會打折出售。如果你明天來買，那台計算機只要五英鎊。你會當場買下計算機，還是隔天再來買？

　　現在再想像另一種不同的情境，這次你決定買台新電腦，你進店裡，店員讓你看好幾種選擇。幾經考慮，你選了一台要價九百九十九英鎊的電腦。店員看起來又有點不安了，他解釋隔天店內商品就會打折，如果明天來買，電腦就會降成九百八十四英鎊。你會當場買下電腦，還是隔天再來買？

　　決策心理學的研究者讓很多人考慮過這兩種情境，這兩種情況讓

為什麼無能的政客可以贏得選戰，無辜者卻遭到定罪？

如何設計完美的搭訕語和徵友啟事？

潛意識會影響購買行為嗎？

為什麼魚氏夫婦（John and Susan Fish）會寫
《學生海岸指南》（*A Student's Guide to the Seashore*）？

大家有機會省下一樣的金額，所以對理性的人來說，處理兩者的方式應該相同。如果不想省錢，大家應該現在就買計算機或電腦，如果想省十五英鎊，就隔天再來買。但是多數人都是用不同的方式處理這兩種情境。七成的人表示他們會等隔天再買計算機，但是卻會當場買下電腦。

即使不用計算機算，這怎麼看都不合理。為什麼會有那麼多人有如此不理性的行為？他們似乎不是以絕對值來衡量可能省下的金額，而是以佔花費的比例來評估。以絕對值來看，兩者都是省下十五英鎊，但是計算機是省75%，電腦只省1.5%。以相對值來看，前者的條件似乎比後者好很多，非常值得等待。

在許多探討人類決策方式的

研究中，這只是其中一例。這類研究探討過大家如何做多種不同的決策，包括該和誰結婚、該支持哪個政黨、該走哪一行、該住哪種房子、該買多大的車、該不該放棄一切，搬到鄉下住。

本章我們將探討關於決策的特別研究。潛意識訊息會增加可口可樂、爆米花與培根的銷量嗎？候選人身高之類的單純因素會讓選民從支持A黨變成支持B黨嗎？你的姓氏會影響你住在哪裡與你的職業嗎？好萊塢電影會影響全球法院的判決嗎？為什麼有些搭訕語與徵友啟事會比其他說法有用？

我們先從潛意識知覺的奇妙世界開始深入探討。

4-1

喝可樂、吃爆米花、買培根

電視播出潛意識訊息真的可以操控人的想法與行為嗎？觀眾可以被說服買下他們不想要的東西，投票給他們不支持的政治人物嗎？

一九五七年九月，市場研究人員詹姆斯・魏凱利（James Vicary）宣布一個大受矚目的實驗結果，證明潛意識的刺激對購買行為有很大的影響。[1] 魏凱利讓紐澤西人到戲院看電影時，不知不覺接收「喝可樂」與「吃爆米花」的潛意識訊息。魏凱利以自己設計的高速投影機，讓這些訊息在螢幕上一閃而過，每次打出訊息只維持三千分之一秒。雖然觀眾沒注意到那些訊息，但可樂與爆米花的銷售額分別多了18％與58％。魏凱利的說法引起一片嘩然，潛意識訊息真的可以操控人的想法與行為嗎？人可以被說服買下他們不想要的東西，投票給他們不支持的政治人物嗎？這些訊息可以在全國電視節目上播出並影響全國人民嗎？

有關潛意識刺激的可能影響就像野火一般迅速蔓延開來，魏凱利召開記者會後九個月，有一項調查顯示，有四成受訪者聽過這種說法。這項研究的廣泛迴響引起印第安那大學傳播研究專家梅爾文・德弗勒（Melvin DeFleur）的關注。德弗勒的博士學位是由中情局資助，研究核子戰爭時如何向大眾有效散播食物與避難資訊。[2] 德弗勒對兩種比較低科技的散播方式特

別感興趣：口耳相傳與空投大量傳單。德弗勒和同仁為了避免引起大眾恐慌，常隱瞞他們實驗的真正目的。有一部份的研究是由研究人員假扮成金盾咖啡公司的行銷人員，拜訪華盛頓州某個偏僻城鎮的五分之一住戶。他們告訴住戶，金盾咖啡公司推出新的行銷標語（「金盾咖啡，醇美如金」），他們在三天後會拜訪鎮上的所有居民，能記住標語的人即可獲贈一磅咖啡。除了以這種面對面的方式營造咖啡話題外，他們也請美國空軍從空中撒下三萬張傳單來宣傳這項活動。三天後，研究人員到訪時，他們發現84％的居民都能正確說出金盾咖啡醇美如金。研究人員在報告中指出，這個數字可能高得有點不切實際，因為研究開始前剛好咖啡價格飆漲，民眾記住標語的動機可能比較強烈。

德弗勒對魏凱利主張的潛意識知覺相當好奇，於是他和同事羅伯‧皮傳諾夫（Robert Petranoff）聯手深入調查。[3] 他們決定在全國播出的電視節目上插入隱藏訊息，做實際測試，他們也知道必須儘速行動，因為美國國家廣電協會已經建議大家不要在媒體上使用潛意識刺激，似乎再不久就會全面禁止了，於是他們在印第安那波里市的WTTV電台第四頻道上進行兩個實驗。

研究的第一部份是判斷隱藏訊息會不會影響大眾看電視的習慣，WTTV的第四頻道晚上固定會播兩小時的電影，接著是由名主持人法蘭克‧愛德華茲（Frank Edwards）主持新聞節目。研究人員徵詢節目單位的許可，在播兩小時的電影時一直打上「觀賞愛德華茲」的潛意識訊息，以鼓勵更多人收看愛德

華茲的節目。

　　實驗的第二部分是探討潛意識刺激改變購買行為的可能性。印第安那州的培根批發商約翰費格公司（John Fig, Inc.）讓研究人員在他們的電視廣告上閃過「買培根」的潛意識訊息，然後追蹤整區的銷售影響。

　　一九五八年七月，WTTV第四頻道的觀眾整個月都一直接受隱藏訊息的轟炸，叫他們收看愛德華茲的節目及買培根。在實驗以前，愛德華茲的收視率是4.6%，接受連續兩小時潛意識訊息的轟炸後，收視率下降為3%。潛意識訊息對購買行為的影響也看不出來，約翰費格公司每週平均賣6143份培根給印第安那州的民眾。研究結束時，銷售數字僅些微上揚成每週6204份。簡言之，潛意識刺激對培根銷售幾乎沒有效果，甚至還讓很多人避看愛德華茲的節目，潛意識的衝擊效果一點也不明顯。

　　所以，德弗勒與皮傳諾夫的結論是，觀眾晚上可以安心入睡了，因為他們的想法與行為不會受到潛意識刺激的暗中操弄。

　　德弗勒與皮傳諾夫並不是唯一深入探討這項議題的學者。幾個月前，加拿大廣播公司（CBC）在週日晚間熱門節目《大特寫》（Close-up）上迅速閃過「現在就打電話」的訊息三百五十幾次，並要求觀眾如果發現自己的行為有任何奇怪的改變，就寫信到電視台。CBC發現節目播放期間或之後，打電話進來的數目並沒有大幅增加。但電視公司的確收到好幾百封觀眾的來信，提到他們突然有種不明的衝動想喝啤酒、上廁

所或出去遛狗。雖然沒有明顯的證據顯示播送潛意識刺激對觀眾有任何影響，一九五八年六月美國國家廣電協會還是在大眾與政治的壓力下，禁止美國廣電業者使用這些訊息。

　　為什麼魏凱利宣稱的爆米花與可樂銷售增加，會和德弗勒與皮傳諾夫指出的培根銷售不受影響相互矛盾？一九六二年魏凱利接受《廣告時代》（Advertising Age）雜誌的訪問時，謎底終於揭曉。他解釋他的潛意識刺激與購買行為研究太早被媒體揭露了，其實當時他只收集申請專利所需的最低資料量而已，他坦承自己調查的結果太少，並不具意義。所以大眾與政治界所爭論的是虛構的故事，而不是事實。在訪問接近尾聲時，魏凱利補充提到：「我想，我唯一做到的是把新語彙加入一般用語……我盡量不再去想這件事。」其實魏凱利不單只是鼓勵大家使用「潛意識」這個詞而已，他的虛構研究也變成當代傳奇，至今仍有相信潛意識訊息可影響購買行為的人引用他的研究。

　　電視播送的潛意識訊息和行為之間的關聯雖然缺乏證據佐證，但政治人物還是很擔心隱約的訊號可能對選民產生影響。二〇〇〇年美國總統大選時，共和黨製作電視廣告抨擊民主黨對老年人處方藥的政策。廣告中，許多字慢慢從前景退至背景，「Bureaucrats」（官僚）一字出現時，其中一幕只顯示最後四個字母「rats」（鼠輩，卑鄙小人）。民主黨覺得這是共和黨想要透過潛意識知覺左右選民的舉動，要求美國聯邦通訊委員會調查此事。共和黨認為rats的出現純屬巧合，辯稱廣告是和健康有關，無關鼠類。

魏凱利並不是唯一宣稱潛意識刺激會對行為產生強大影響的人，其他人也寫過暢銷書宣稱廣告商經常在照片中置入性暗示的圖像，以刺激銷售。他們舉的例子包括冰塊中袒胸露乳的女人、香菸包裝上的男子勃起圖，全球最熱賣的餅乾上，兩面都嵌印數次「sex」（性）字眼。此外，某些公司還銷售潛意識錄音帶，宣稱裡面蘊含的訊息可以產生各種想要的效果，例如增加自信、性能力、智慧等等。這個產業規模不小，一九九○年，潛意識錄音帶的年銷售額光是在美國就突破五千萬美元。[4]這些效果並沒有獲得任何形式的科學驗證，少數相關研究也得不到什麼結果。[5]有一項研究是讓超重者聆聽號稱可以幫他們減肥的潛意識錄音帶，他們減的重量和沒聽錄音帶的對照組差不多。[6]在另一個實驗中，警察聽了二十週號稱可以改善他們槍法的錄音帶，[7]結果他們的槍法和潛意識和沒受刺激的同仁差不多。

　　所以這表示隱約的小訊號不會影響我們的思考與行為嗎？事實上，有大量的研究顯示，我們日常的行為**確實**有很多方面受到外在因素的影響而不自覺。這些外在因素不是短暫閃過電影與電視螢幕，而是在我們的眼前，對我們的思考與行為有很大的影響，像名字那麼簡單的因素就是一例。

麵包師傅小糕先生

名字會影響一個人嗎？擁有罕見名字的人是不是比菜市場名的人更容易出現心理問題？我們比較可能和姓氏開頭字母相同的人結婚嗎？

　　一九七一年，心理學家芭芭拉·布坎南（Barbara Buchanan）與詹姆斯·布朗寧（James Bruning）請一群人評斷他們對一千多個名字的喜歡程度。[8] 結果出現明顯的刻板印象，多數人喜歡邁可（Michael）、詹姆斯（James）、溫蒂（Wendy）等名字，但是討厭艾菲達（Alfreda）、波西沃（Percival）、伊西朵（Isidore）。我們或許會以為這些情緒反應對人的一生沒有多大的影響，但其實不然。

　　一九六〇年代末期，美國研究人員亞瑟·哈特曼（Arthur Hartman）、羅伯·尼可雷（Robert Nicolay）與傑斯·赫力（Jesse Hurley）探討名字罕見的人是不是比名字常見的人更容易出現心理問題，[9] 他們檢視一萬多筆精神病的法院記錄，發現有八十八人的名字很少見，例如歐德（Oder）、力索（Lethal，致命的）、維爾（Vere）。接著他們檢視這批資料，又從中找了八十八個性別、年齡、出生地相同，但名字常見的人當對照組，名字罕見者被檢驗出精神病的機率比對照組高出許多。研究人員在報告中指出：「孩子生下來以後，他的名字已是既定事實，未來的個性必定由此衍生。」這不

是唯一一個記錄罕見名字缺點的研究，有些研究也顯示老師會給名字討喜的孩子比較高的作文成績，[10] 名字不討喜的大學生比較孤僻，姓氏有負面意涵的人（例如「Short」〔矮〕、「Little」〔小〕、「Bent」〔彎〕）特別容易有自卑感。[11] 美國精神科醫師威廉‧墨菲（William Murphy）看過好幾個案例，剛好可以佐證最後一點。其中一例的病人坦承，青少年時期他會戴護套睡覺以免下體勃起，結果護套並沒有發揮效果，反而導致他的陽具下彎。很不幸，這位病人就是姓「彎」，再加上他的暱稱是「Dinkey」（小火車頭），常常讓他想起幼年時期的性徵問題，所以他對性愛很不安，導致精神性陽萎，讓他更覺得自己無能窩囊。

一九九九年，加州大學聖地牙哥分校的尼古拉斯‧克力史坦菲爾（Nicholas Christenfeld）、大衛‧菲利普（David Phillips）、羅拉‧葛林（Laura Glynn）以證據顯示，連名字的字首也可能攸關生死。[12] 他們用電子字典找出三個字母組成的英文字，然後從中挑出特別正面（例如ACE、HUG、JOY）與特別負面（例如PIG、BUM、DIE）的字眼。接著他們使用加州死亡證明的電腦化資料庫，檢視名字縮寫正面與負面者的死亡年紀。在控制種族、死亡年份、社會經濟狀況等因素下，研究人員發現，名字字首正面的男性比一般人多活四年半，字首負面的男性則比一般人少活三年。字首正面的女性多活三年，不過字首負面的女性倒沒什麼大礙。研究人員探討這種效果的原因時提到，字首負面的人「可能覺得自己不怎麼樣，可能需要忍受周遭的取笑與其他負面的反應」。再加上有

負面字首的人特別可能因為自殺與意外等心理因素死亡，這又進一步佐證上面的說法。

但是名字罕見與字首負面的人不一定未來都很黯淡悲觀，有一組研究人員率先對克力史坦菲爾的研究提出質疑。加州波莫那學院的史蒂里安‧莫瑞森（Stilian Morrison）與蓋瑞‧史密斯（Gary Smith）在〈字母決定論？〉（Monogrammic Determinism？）論文中批評原始實驗所用的統計方法，他們用比較複雜的分析研究時，並無法得出相同的結論。[13]

此外，北卡羅來納州吉爾福德學院的心理學家李查‧慈維根哈伏特（Richard Zweigenhaft）也主張，擁有罕見名字有幾個可能的優點。[14]他表示，名字常見的人最常抱怨的就是太多人和他們同名。山謬‧高德溫（Samuel Goldwyn，美國製片家）也提出相同的論點，他一聽到朋友幫兒子取名為約翰時就反譏：「為什麼要取名為約翰？每個阿貓阿狗都叫約翰。」采根海伏特也表示，罕見的名字比較難忘，他也舉了幾個知名的運動選手為例，他指出他們的名氣有部分可能是因為他們的名字比較少見。就像《紐約郵報》某位體育記者在討論奧克蘭運動家隊（Oakland Athletics）的投手維達‧布魯（Vida Blue）時所說的：「維達‧布魯！美國人馬上認得這號人物。維達‧布魯就像貝比‧魯斯（Babe Ruth）、泰‧柯布（Ty Cobb）、左投王葛洛夫（Lefty Grove）等名字一樣順口好記。」

采根海伏特為了實際探討罕見名字的可能優點，從全國上流社會的最佳指南《社交界名人錄》（Social Register）中隨機挑出兩千人，從中選出沒重複的名字，共得出218人的名單，

然後再從原來的兩千人樣本中隨機挑出名字不罕見的218人當對照組。接著，他查閱彙集各領域傑出男女的《名人錄》，看這些名字常見或罕見的人是否也名列其中。在全部346人中（2 x 218），有30人名列《名人錄》，其中23人來自「罕見名字組」，只有7人來自「常見名字組」。總之，在特定情況下，名字罕見可能對你的職業有利。

關於人名對生活的影響，這方面的研究不光只是看名字常不常見而已，紐約州立大學水牛城分校的教授布雷特‧派爾罕（Brett Pelham）與同仁做了一項特別的研究，研究顯示我們的名字可能會影響我們選擇居住的城鎮、挑選的職業、嫁娶的對象、支持的政黨。[15]

派爾罕觀察許多美國人口普查的資料，發現名叫佛羅倫斯的人住佛羅里達州的比例特別高，叫喬治的人多住在喬治亞州，叫肯尼士的人多住肯塔基州，叫維吉爾的人多住維吉尼亞州。在另一項研究中，研究團隊檢查在以「**聖**」字開頭的美國城市裡（例如聖安娜、聖路易等等）死亡的六千六百萬人死亡記錄。他們也發現海倫多位於聖海倫市，查爾斯多位於聖查爾斯市，湯瑪斯多位於聖湯瑪斯市。進一步的研究顯示，這些情況並不是因為家長以出生地幫孩子命名，而是因為人會朝包含他們名字的城鎮移動。

同樣的效果也會影響我們選擇另一半嗎？我們比較可能和姓氏開頭字母相同的人結婚嗎？為了探究真相，派爾罕和同事檢視一八二三年到一九六五年共一萬五千筆結婚記錄，結果出現有趣的現象。[16]夫妻姓氏字首相同的比例比預期高出許多。

研究人員擔心這個效果可能是族群配婚的結果（亦即某個族群比較可能和同族人結婚，因此姓氏字首相同），所以他們又重做一次實驗，但這次是鎖定美國最常見的五大姓氏：Smith、Johnson、Williams、Jones、Brown。結果還是出現一樣的情況，例如：姓Smith的人和另一個Smith結婚的機率比和Jones或Williams的機率高，姓Jones的人和另一個Jones結婚的機率也比Brown或Johnson高。

派爾罕不只研究人名和居住與死亡地點及結婚對象之間的關係而已，他也探究姓氏對職業選擇的影響。研究人員搜尋美國牙醫協會與美國律師協會的網路記錄時發現，姓氏前三字是Den的牙醫比前三字是Law的牙醫多。同樣的，姓氏前三字是Law的律師也比前三字是Den的律師多出許多。檢查五金與屋頂修繕公司的資料時也有類似的情況，研究人員使用雅虎的工商名錄搜尋全美二十大城市的五金行（hardware）與屋頂修繕公司（roofing），檢視業主的姓或名是不是以H或R開頭。結果顯示，五金行的業主名字比較常以H開頭（例如Harris五金行），屋頂修繕公司的業主名字比較常以R開頭（例如Rashid屋頂修繕）。派爾罕表示，同樣的效果甚至還會影響到政治。二〇〇〇年美國總統大選時，姓氏開頭字母是B的人比較可能投票給布希（Bush），姓氏開頭字母是G的人比較可能投票給高爾（Gore）。派爾罕在〈蘇西為什麼在海岸邊賣貝殼：隱藏的自我中心與重大人生決策〉（Why Susie Sells Seashells by the Seashore: Implicit Egotism and Major Life Decisions）論文中描述研究的結果。他總結，或許這些效果沒什麼好訝異的，「那只

不過表示我們都會被自己最愛的那個人所吸引罷了。」

　　派爾罕的研究不僅有趣，也為心理學家數十年來很感興趣的效應提出解釋：姓氏的意義為什麼往往和我們挑選的職業有關？

　　一九七五年，紐約州立大學傑拿席歐分校的羅倫斯·凱斯勒（Lawrence Casler）收集了兩百多份研究內容與姓氏有關的學術文獻，[17] 其中包括：姓Bass（低沉）的水底考古學家、姓Breedlove（培養關愛）的關係顧問、姓Due（稅金）的稅務專家、姓Hyman（hymen是處女膜）的女性外陰部疾病檢驗師、姓Mumpower（媽媽力量）的教育心理學家，專門研究親子教養壓力。一九九○年代，《新科學家》週刊（*New Scientist*）也請讀者寄來生活中相似的例子，結果來信者包括姓Beat（拍子）與Sharp（升半音）的音樂老師，姓Flood（水災）、Frost（霜）、Thundercliffe（雷崖）、Weatherall（氣象）的英國氣象局員工、姓Lust（色欲）的性愛顧問、姓Peter Atchoo（噴嚏聲）的肺炎專家、姓Lawless（非法）與Lynch（私刑）的律師、姓Wyre（wire是竊聽）與Tapping（裝竊聽器）的偵探、姓McNutt（麥瘋子）的精神病院院長。我最愛的例子是魚氏夫婦（John and Susan Fish）兩人合著《學生海岸指南》。

　　派爾罕的研究顯示，這類例子可能不是純粹巧合，而是因為有些人會在不知不覺中朝和名字相關的職業發展。我自己身為姓Wiseman（賢人）的心理學教授，也不好去質疑這個理論是否屬實。

隱藏因素

> **實驗發現**：在酒吧帳單上附上印了笑話的卡片，客人小費給得特別多；在酒類專賣店，客人聽到古典樂時所買的酒，平均比聽到流行樂時買的酒貴三倍；電視播放名人重量級拳擊賽後隔週，謀殺率通常都會增加。

我們一出生就獲得一個名字，多數人就這樣用了一輩子。不過，有些影響我們思考與行為的因素比較隱約，有時候甚至一句話、一段音樂或一個新聞標題都能影響我們。

我們不需大費周章就能改變人的思考、感覺與行為方式。最近全球知名的學術刊物《人格與社會心理學期刊》（*Journal of Personality and Social Psychology*）刊出兩項研究，完美闡述了這個概念。

第一個研究是由紐約大學的約翰·巴爾（John Bargh）與同仁進行，他們請受試者把幾個字湊成的字串重新排列成語意連貫的句子，[18] 其中一半受試者拿到的字和老年人有關，例如「man's was skin the wrinkled」，另一半受試者也是拿到同一組字串，但以另一字取代和老年有關的字，例如「man's was skin the smooth」。受試者排好句子後，實驗者就跟他們道謝，並指引他們去搭最近的電梯，受試者以為實驗結束了。事實上，重頭戲才正要開始而已。第二位實驗者拿著碼錶坐在走廊上，受試者一走出實驗室，實驗者就開始計算他穿過走廊走

到電梯的時間。剛剛排字時有排到老年相關字眼的人走得比較慢，光是看到wrinkled（皺紋）、grey（灰色）、bingo（賓果遊戲）（老年人較常玩這個遊戲）、Florida（佛羅里達州）之類的字眼幾分鐘，就已經完全改變他們的行為方式。那幾個字在不知不覺中「增添」了他們的歲數，讓他們如老人般緩步。

荷蘭奈美根大學的艾波・狄克斯特霍伊斯（Ap Dijksterhuis）與艾德・凡・尼培貝（Ad van Knippenberg）也做過類似的實驗，他們要求一群受試者花五分鐘寫下幾句和瘋狂足球迷的行為、生活形態與外貌有關的敘述，也請另一群人寫下幾句和教授有關的句子。[19] 接著他們問每個人四十題益智問答，例如：「孟加拉的首都是什麼？」、「哪一國舉辦一九九〇年的世界盃足球賽？」等等。剛剛花五分鐘思考瘋狂足球迷樣子的人可以答對46％的問題，剛剛思考教授樣子的人可以答對60％的問題。大家在不知情下，光是思考瘋狂足球迷或教授的刻板印象就可以大幅改變自己。

在比較人工化的實驗室裡，這一切看起來都很明顯，但是在真實世界裡，同樣的效果也會影響人的行為嗎？

美國人每年在餐廳留下的小費金額高達兩百六十億元，你可能以為小費的多寡和食物、飲料或服務有關，但是在全球各地酒吧與餐廳秘密進行的研究顯現出真正決定小費多寡的隱藏因素。心情在過程中扮演重要的角色，愉悅的用餐者會給較多的小費。在一項研究中，法國餐館要求員工給顧客帳單時，順便附上一張小卡片，[20] 卡片上有一半是當地夜店的廣告，另一半則印了以下的笑話：

一位愛斯基摩人已經在戲院門口等候女友很久了，外面氣溫愈來愈低，隔了一會，他冷得發抖，氣得打開外套取出體溫計，他大聲說：「降到十五度她還沒來，我就走了！」

收到笑話的客人笑得比較開心，給的小費也比較多。研究人員的實驗一再證實快樂與小費多寡的關係。服務生在帳單下方畫上笑臉或寫下「謝謝」，或是對顧客展露明顯的笑容時，都可以得到較多的小費。[21] 外頭陽光照耀或服務生告訴客人外頭是大晴天時，客人給的小費也比較多。[22] 有些研究也發現，服務生以小名自稱或以客人的名字相稱時，也會讓小費大幅增加。[23]

另外還有觸摸的力量。艾普洛・克魯斯科（April Crusco）在論文〈點金術：人際觸摸對餐廳小費的影響〉（The Midas Touch: The Effects of Interpersonal Touch on Restaurant Tipping）中說明她如何訓練兩位女服務生在給客人帳單時，觸摸他們的手掌或肩膀一秒半。[24] 這兩種觸摸方式都可以比沒碰到的方式獲得更多的小費。觸摸手掌的效果又比輕拍肩膀的效果好一些。

給服務生與酒吧工作人員一點小錢是一回事，但是這種隱約的作用也會讓人付出比較高額的金錢嗎？

一九九〇年代，德州理工大學的研究人員查爾斯・艾能尼（Charles Areni）與大衛・金恩（David Kim）有計畫地改變市區美酒專賣店裡播放的音樂，[25] 他們讓一半客人聽莫札特、孟德爾頌、蕭邦的音樂，讓另一半客人聽佛利伍麥克合唱團

（Fleetwood Mac）、羅伯‧普藍特（Robert Plant）、匆促樂團（Rush）等等流行樂。實驗人員喬裝成補貨的店內助理，觀察顧客的行為，包括他們從架上拿下來的瓶數、是否閱讀標籤、最重要的是他們購買的瓶數。實驗結果令人驚訝，音樂並不影響客人待在酒窖裡的時間長短，以及他們檢視或購買的瓶數，但是對某方面卻有極大的影響：買酒的價格。客人聽到古典樂時所買的酒，平均比聽到流行樂時買的酒貴三倍。研究人員認為聆聽古典音樂讓他們在無意中覺得自己比較高尚，促使他們購買較貴的酒。

有些證據甚至顯示，這類隱約的刺激還攸關生死。

社會學家吉米‧羅傑斯教授（Jimmie Rogers）分析一千四百多首鄉村音樂，發現歌詞常提到負面的生活經驗，包括單戀、酗酒、財務問題、絕望、宿命、辛酸、貧困等等。[26] 一九九〇年代中期，韋恩州立大學的史蒂芬‧斯戴克（Steven Stack）與奧本大學的吉姆‧岡德勒（Jim Gundlach）想知道持續接觸悲觀主題會不會讓人更容易自殺。[27] 為此，他們觀察全美四十九區的自殺率以及全國電台播放的鄉村歌曲量。排除貧困、離婚、持槍等等其他因素後，他們的確發現廣播電台播的鄉村歌曲愈多，自殺率也愈高。

這些結果聽起來可能令人難以置信，有些研究人員也提出質疑，[28] 但是很多研究都證明它的基本前提：大眾媒體會影響人的自殺決定，其中「維特效應」（Werther Effect）就是一個很好的例子。

一七七四年，歌德出版小說《少年維特的煩惱》（*The*

Sorrows of Young Werther），少年維特愛上一位已有婚約的女子，維特不願面對沒有她的人生，決定自殺以求解脫。這本書出版後引起廣泛迴響，事實上它在很多方面都太成功了，引發連串的自殺模仿效應，導致歐洲好幾個國家都把這本書列為禁書。一九七四年，加州大學聖地牙哥分校的社會學家大衛・菲利普決定檢視媒體的自殺報導會不會誘發現代的「維特效應」。[29] 他一開始先檢視一九四七至一九六八年間美國各地的自殺統計數據，發現頭版的自殺報導平均和另外六十件自殺案件有關。此外，這些自殺案件也是仿效媒體披露的死法，媒體報導自殺的程度和後續發生的自殺件數有直接相關。平均而言，媒體報導兩週內，自殺件數大約增加30％，名人死訊一經披露，效果更是顯著。例如，菲利普計算一九六二年八月瑪麗蓮夢露死後，全國死亡率約增加12％。菲利普率先做了這項研究，之後又有四十多份科學論文探討這個主題，促使有些國家開始規劃媒體守則，要求記者不要以聳動的言詞報導自殺的新聞，或是描述自殺的方式。[30]

菲利普的另一項研究是探討電視播放的拳擊賽與謀殺率之間的關係，他仔細分析全美的每日謀殺率，顯示電視播放名人重量級拳擊賽後隔週，謀殺率通常都會增加。如果白人拳擊手輸了，菲利普發現白人遇害的人數增加，但黑人沒變。同樣的，如果黑人拳擊手輸了，黑人遇害的人數增加，但白人沒變。

以上結果整體歸納出一個簡單的事實，我們的想法與感受常在不知不覺中受到其他因素的影響。名字影響我們的自信與職業選擇，光是讀一句話也會影響我們的感覺與回憶。

簡單的微笑或微妙的觸摸會影響我們在餐廳與酒吧給的小費多寡。商店裡的音樂會在無意間潛入我們的心靈，影響我們的消費額度。這些奇怪的影響因素也會左右我們看別人的方式嗎？它們會不會影響我們投票給哪位政治人物，或是判斷別人是否有罪？

長得高攸關選票

巴西雨林的原住民把高個兒和財富、權力、參與儀式、生育力聯想在一起；心理學家發現，高大的業務員比矮個兒的業績好；反過來，受試者評估陌生人的身高，也隨著他們認定的身份不同而改變。

　　幾千年前，和比較高的人在一起有演化上的優勢，因為他們的體型在採集食物與抵禦敵人方面都比較有利。如今身高雖然已經沒有任何體型上的優勢，[31] 但是過去的想法仍深植腦中，我們還是會把高個兒和成功聯想在一起。這是一種錯誤卻很有說服力的觀感，影響廣及許多層面。

　　心理學家雷斯理·瑪代爾（Leslie Martel）與亨利·比勒（Henry Biller）要求學生針對身高不同的男子評估他們心理與身體上的諸多特質，並在著作《身高與污名》（*Stature and Stigma*）中揭露研究結果。書中提到男性與女性都認為身高不到五呎五的男性比較不正面、不安全、不陽剛、不成功、不能幹。連我們使用的言語也反映了身高的重要，我們稱備受尊崇的人為「大人物」，是我們「景仰」的對象。沒錢時，我們說現金「短缺」。

　　即使在浪漫與婚姻的世界裡，尺寸大小也很重要。利物浦大學的演化心理學家教授鄧巴（Dunbar）與同事一起分析四千多位健康波蘭男性於一九八三年至一九八九年間接受強制

怪咖心理學之
史上最ㄅ一尢實驗，用科學揭露你內心的真實想法

健檢的資料，[32] 他們發現膝下無子的男性比有子嗣的男性約矮三公分。唯一的例外是一九三〇年代出生的男性。鄧巴認為那是因為他們在二次戰後剛好進入婚姻市場，那時的單身男性較少，女性選擇有限。

這種成婚與身高之間的關聯似乎舉世皆然。一九六〇年代，美國范德堡大學的人類學家湯瑪斯‧葛雷格（Thomas Gregor）到巴西中部的熱愛雨林區和孟希納古人（Mehinaku）一起居住。[33] 即使在這裡，身高還是很重要。孟希納古人認為高個兒有魅力，大家尊稱他們是「wekepei」，矮個子則被貶為「peritsi」，這字和「itsi」押韻，意指陽具。他們比較會把高個兒和財富、權力、參與儀式、生育力聯想在一起。葛雷格發現，男性愈高，接觸的女性愈多。三位最高男子交往過的女子數和七位最矮男子交往的女子數相同。

身高對職業也很重要嗎？似乎是如此。一九四〇年代，心理學家發現，高大的業務員比矮個兒的業績好。一九八〇年的調查顯示，美國《財星》五百大企業的執行長中，有一半的人身高至少有六呎。《應用心理學期刊》（*Journal of Applied Psychology*）最近的研究顯示，在職場上，每一吋身高都很重要。[34] 佛羅里達大學的管理學教授提莫西‧賈奇（Timothy Judge）與同事丹尼爾‧蓋伯（Daniel Cable）分析四份追蹤受試者一生的研究資料，他們仔細檢視這些人的個性、身高、智商與收入。賈奇鎖定身高與收入的關係時發現，比平均身高每高一吋相當於每年多賺789美元，所以六呎高的人每年比能力相當但身高五呎五的同事多賺4734美元。以三十年的職場生

涯做複利計算，高個子比矮個子同事多賺數十萬美元。

政治界也受到嚴格的檢視，美國四十三任總統中，只有五位低於平均身高，而且上次選出低於平均身高的總統已經是一百年前的事了（五呎七吋的威廉‧麥金利總統〔William McKinley〕於一八九六年接任，媒體稱他「小男孩」）。多數總統都比平均身高高好幾吋，雷根身高六呎一，老布希和柯林頓都是六呎二。另外也有證據顯示，有些候選人瞭解身高對選民的重要，他們會刻意善用這個優勢。一九八八年的總統大選辯論中，老布希刻意拉長和邁克‧杜卡基斯（Michael Dukakis）握手的時間，這顯然是布希競選團隊總幹事精心策劃的結果，為的是讓大家清楚看到布希比較高。

地位與身高的心理關係是相輔相成的，我們不只認為高大的人比較能幹，也認為能幹的人比較高大。這也是為什麼很多人發現某些好萊塢明星的身高不到平均身高時往往會很驚訝的原因。例如，達斯汀‧霍夫曼只有五呎五，瑪丹娜也只有五呎四。www.celebheights.com是專門探討名人真實身高的網站（副標：「在好萊塢矮人國裡，穿矮子樂的矮冬瓜稱王」），他們常派身高已知的人站到名人身邊合影，藉此判斷名人的身高。作家雷夫‧凱斯（Ralph Keyes）在著作《人生高度》（The Height of Your Life）中推測很多演員不高的原因，他認為很多比較矮的人需要培養鮮明的人格特質，以顯示他們的強大，克服身高的劣勢。

這個關聯衍生出一個有趣的現象，身份地位的改變會讓人對高度做出不同的判斷。昆士蘭大學的心理學家保羅‧威爾森

怪咖心理學之
史上最ㄎㄧㄤ實驗，用科學揭露你內心的真實想法

（Paul Wilson）率先以科學實驗探討這個奇怪的現象。[35] 他介紹一位學者給不同班的學生認識，請學生評估他的身高。威爾森在學生不知情下，改變每次介紹的方式。有一次他告訴全班這個人也是大家的同學，第二次他說他是講師，第三次變副教授，最後一次變成教授。結果學生評估的身高隨著他們認定的身份不同而改變。當大家把他當成學生時，大家覺得他身高五呎八吋。當他是講師時，身高多了一吋。變成副教授時，又多一吋。變成教授時，大家認為他有六呎高。

　　一九六〇年加州大學的哈洛・卡薩姜（Harold Kassarjian）問三千位選民在即將來臨的總統大選中會選甘迺迪還是尼克森，以及他們認為他們兩人誰比較高。[36] 事實上，甘迺迪比尼克森高一吋，但選民的看法卻不是這樣。尼克森的支持者中，有42％表示尼克森比較高，甘迺迪支持者中只有23％認為尼克森比較高。一九九〇年代初期，加拿大麥克馬斯特大學的菲利普・海恩（Philip Higham）與威廉・卡門（William Carment）做了另一個更深入的實驗。[37] 海恩與卡門請選民在大選前後評估三大政黨黨魁的身高（布萊恩・穆羅尼〔Brian Mulroney〕、約翰・透納〔John Turner〕、艾德・鮑德本特〔Ed Broadbent〕）。穆羅尼贏得大選，選後他的身高多了半吋。透納與鮑德本特選輸後，身高分別縮了半吋與一吋半。

　　我想知道這種效果能不能用來衡量選前大家對政治人物地位的觀感，所以二〇〇一年，我和《每日電訊報》的科普類編輯羅傑・海飛德合作，做了一項特別的政治民調。[38] 我們請一千位有代表性的樣本選民評估英國兩大政黨黨魁的身高。根

據兩大政黨總部所發佈的資料，當時工黨與保守黨的黨魁東尼・布萊爾（Tony Blair）與威廉・海格（William Hague）都是六呎高，但選民的看法卻不是這樣。

我們的結果呼應一九六〇年代卡薩姜的研究結果，我們發現選民評估支持與反對的領導人時會有偏誤。工黨支持者認為布萊爾超過五呎九的比例比保守黨支持者多出許多。同樣的，保守黨支持者認為海格超過五呎九的比例也比工黨支持者高出許多。簡單地說，支持者覺得他們認同的候選人比較高。但是我們的身高民調可以預估大選結果嗎？覺得布萊爾不到男性平均身高五呎九的選民只有35％，但是覺得海格不滿五呎九的選民卻有64％。所以選民認為布萊爾比較高，而海格是矮冬瓜。

二〇〇一年大選的結果如何呢？

布萊爾的工黨獲得壓倒性的勝利。

4-5

面相見真章

為什麼《財星》全球百大富豪及一九一〇年以來美國總統當選人都沒人留鬍子？面相給人的觀感會影響選戰的輸贏嗎？

身高不是影響我們對人看法的唯一奇怪因素。

人類曾經比現在更多毛，當我們還是猿人時，臉部與身體都覆蓋著毛髮，但是經過上萬年的演化，我們已褪去毛髮，至於原因何在，大家眾說紛紜。有些研究人員認為那是因為我們離開陰暗的林地，轉往溫熱的大草原居住，不需要那麼多毛髮保暖的結果。有些人認為毛髮的減少是為了降低長虱子與寄生蟲的機率。不管是什麼原因，有些人選擇逆轉演化的結果，展現各式各樣的臉部毛髮，他們在不知不覺中也改變了周遭對他們的觀感。

一九七三年，心理學家羅伯・佩萊格里尼（Robert Pellegrini）研究臉部毛髮對性格觀感的影響。[39] 他設法找了八位樂意為了科學之名把整臉鬍子刮乾淨的年輕人。佩萊格里尼在理髮師幫他們刮鬍子前先幫每個人拍一張照片，等他們刮到只剩山羊鬍與八字鬍時再拍一張，只留八字鬍時再一張，完全刮完時又一張。接著，他們請隨機挑選的人評估照片中的人性格如何，結果發現鬍鬚量和陽剛、成熟、優越、自信與勇氣之類的形容詞有正相關。

佩萊格里尼表示：「或許每個沒留鬍子的男人體內，都有鬍子想冒出頭。如果是這樣，這項研究的結果就為放縱那種需求提供了有力的理論根據。」

佩萊格里尼的研究雖然見解獨到，卻忘了問一個重要的特質：誠實。他如果問了，就不會得出那麼正面的鬍子結論。最近的調查顯示，一半以上的西方人認為，沒留鬍子的人感覺起來比留鬍子的人誠實，顯然鬍子給人一種意圖不良、隱瞞、衛生不佳的感覺。雖然誠實與鬍子多寡絕對沒有關係，但是這種刻板印象卻足以影響整個世界，或許這也是為什麼《財星》全球百大富豪及一九一○年以來美國總統當選人都沒人留鬍子的原因。

心理學家為了探究容貌對性格與能力觀感的影響，做過大量的研究，鬍子研究只是其中一小部分而已。

普林斯頓大學的亞歷山大‧托多洛夫（Alexander Todorov）與同仁最近做了一項研究，他們主張容貌對政治有非常重要的影響。[40] 托多洛夫讓學生看好幾組黑白相片，分別是二○○○、二○○二、二○○四年競選美國參議員的贏家與輸家。托多洛夫請學生從每組相片中選出看起來比較能幹的人選。學生雖然只看照片幾秒鐘而已，大家覺得最能幹的人約可猜中七成的實際當選者。不僅如此，學生意見紛歧的程度也可以預測勝出的多寡。當學生一致認為某候選人比較能幹時，那位候選人在民調中也是明顯的贏家。學生意見紛歧時，選舉結果就不是那麼篤定了。

如果面相給人的觀感會影響選戰的輸贏，外貌還會影響哪

些情況？這種主觀印象也會影響我們在法庭上判斷被告是否有罪嗎？

我想請問陪審團……
殺人魔是長那樣嗎？

心理學家花了許多時間坐在法院裡評斷真實被告的長相，發現好看的人被判的刑責比同等罪行但長相較醜的人還輕。

第二章中提過我和戴羅賓爵士在媒體上做的第一個心理實驗，探討說謊的心理。三年前，我又回到同一個攝影棚做第二個實驗，這次的實驗比上次更大更複雜，我們想探討正義是否真的是盲目的【譯註：Justice is blind.是指在法律之前一律平等，不因人而變更法律的適用性】。

這個研究點子是某天我看蓋瑞・拉森（Gary Larson）的《遠端》（*Far Side*）漫畫時突然想到的。漫畫的場景是在法院裡，律師正對著陪審團說話。律師指著他辯護的客戶說：「我想請問陪審團……殺人魔是長那樣嗎？」被告穿著西裝打領帶，不過他沒有正常的頭，而是頂著典型微笑先生的笑臉，臉上只有兩個黑點和半圓形的笑容。拉森的漫畫就像好笑的鬧劇一樣，讓我啞然失笑並讓我開始思考。

陪審團的決定很重要，所以他們必須盡可能理性，我覺得測試這種理性滿有趣的。所以某次BBC現場播出當家科學節目《明日世界》時，我們就請觀眾扮演陪審團的角色。我們先讓

大家看一段模擬審判的影片，決定被告是否有罪，請觀眾來電決定。

我們在大家不知情下，把全國觀眾分成兩群。BBC是透過十三個不同的傳送台發送節目至全英各地。他們通常都是傳送相同的訊號，所以全國看到的節目都一樣。但是為了這次實驗，我們獲准從傳送台發送不同的訊號，讓我可以把英國分成兩群觀眾，各自收看不同的節目。

每位觀眾都看到同一宗犯罪事件的證據，被告闖空門偷電腦。不過，有一半的人看到的被告面相是典型的罪犯模樣，鼻歪眼斜。另一半的人看到的被告面相則是典型無辜者的模樣，娃娃臉搭配湛藍的雙眼。為了確實控制其他影響因素，兩位被告都穿著相同的套裝，以同樣的姿勢坐在審判席上，臉上都不帶任何感情。

我們仔細擬定法官的結論，說明被告為何因竊盜被起訴，證據無法明顯做出是否有罪的判決。例如，被告的妻子供稱犯罪發生時，被告在酒吧裡，但是另一位目擊者表示，他在竊案發生的三十分鐘前已經離開酒吧。犯罪現場的腳印和被告的鞋子相符，但是很多人都有那個牌子的鞋子。

節目播送後，我們不安地在電話旁邊等候，看我們能接到幾通電話。觀眾顯然對這個實驗很有共鳴，上次說謊實驗，我們接到約三萬通的電話，這次的來電數幾乎是上次的兩倍。公平理性的觀眾在判斷是否有罪時，會把重點放在證據上，但是實驗結果卻可以清楚看到大家的決定在無意間已被面相左右。有40％的人認為有罪犯面相的被告有罪，但只有29％的人覺

得藍眼的娃娃臉有罪。大家都忽視了證據的錯綜複雜，憑被告的長相就做決定。

如果這種結果只出現在電視攝影棚的人為設計場景也就罷了，但其實不然。亞利桑那州莫西賀斯特學院的心理學家約翰・史都華（John Stewart）花了許多時間坐在法院裡評斷真實被告的長相。[41] 他發現好看的人被判的刑責比同等罪行但長相較醜的人還輕。

心理學家羅伯・齊歐迪尼（Robert Cialdini）在著作《透視影響力》（Influence）中，探討這項研究與監獄內整型手術之間的有趣關聯。一九六〇年代末期，紐約市有一群囚犯接受整型手術，矯正多種臉部缺陷。[42] 研究人員發現這些囚犯出獄後比沒矯正缺陷的對照組更不會再犯罪入獄。教育與訓練之類的管訓似乎都不重要，外貌反而重於一切。這個研究結果使一些社會決策者主張，社會對罪犯的刻板印象導致有些人一輩子無法改過自新，改變他們的長相是有效防止他們再度犯罪的方法。這種說法或許沒錯，但齊歐迪尼根據史都華的資料主張另一種詮釋結果的方法，他表示，整型可能對他們是否再度犯罪沒有多大的影響，他們只不過比較不會被定罪入獄而已。

好萊塢的潛移默化

> 研究人員發現，我們會把容貌和好感度聯想在一起。每次看到有魅力的臉龐時，我們在不知不覺中也會把它和親切、誠實與智慧等特質聯想在一起。長相好看的人比較可能獲得工作，他們的薪水也比能力相當的同事高。

　　這種不理性的影響是來自何方，為什麼我們無從擺脫？有些研究人員認為這一切都是好萊塢的錯。北喬治亞學院的史蒂芬・史密斯（Stephen Smith）與同事決定探討這種說法是不是真的。他們做了兩個明顯的實驗，在第一個實驗中，研究人員收集一九四〇至一九八九年間每十年的二十大賣座強片，[43] 他們請一群人觀賞影片並評估片中角色的特質，包括魅力、道德、智慧、友善、從此是否幸福等等。受試者看了《風雲人物》（*It's a Wonderful Life*）、《環遊世界八十天》（*Around the World in 80 days*，一九五六年版）、《巴黎最後探戈》（*Last Tango in Paris*）、《陰間大法師》（*Beetlejuice*）等名片後，針對833個角色進行評估。研究人員發現，大家通常都把長得好看的角色形容得比較多情、有道德感、睿智、比較可能從此和人過著幸福快樂的生活。

　　這項研究結果雖然有趣，卻無法證實那些形容真的讓人產生刻板印象。為了探究這點，實驗者又做了另一個實驗。他們選了幾部影片，有些是以刻板印象描述有魅力的人，有些不

是。例如，《洋基之光》（*Pride of the Yankees*）是描述知名棒球選手魯·賈里格（Lou Gehrig）的真實故事，由帥氣的賈利·古柏（Gary Cooper）飾演賈里格，展現他在球場上的過人成就，以及在巔峰期開始出現嚴重的健康問題，仍以驚人的方式與疾病搏鬥。《桃李滿門》（*Up The Down Staircase*）則是相反的例子，這部電影描述一位活力十足的年輕老師試圖改造貧民區的問題學校。珊迪·丹妮絲（Sandy Dennis）是該劇的女主角，演技頗受好評，但她不像賈利·古柏那樣，她沒有好萊塢的偶像外貌，在劇中講起話來也結結巴巴的。

　　研究人員請受試者觀賞其中一部電影，並評論影片的許多面向。接著再問他們是否願意幫忙做第二個研究，研究人員說附近某所大學需要人幫忙評斷幾位研究生的資格。每位受試者都拿到一份文件夾，裡面有某位學生的履歷表與照片。事實上，每份履歷表都一樣，但搭配的照片不同，有一張照片上的人比較好看，另一張的人比較醜。剛看過《洋基之光》的人給好看的學生打的分數特別高，給不好看的學生打的分數特別低，觀賞《桃李滿門》的人則沒有這種現象。光看一部電影就可以大幅改變觀感。雖然受試者並未察覺，但電影中描述的刻板印象已經潛入他們的腦中，影響他們對人的看法。這個實驗只涉及一部電影，但我們不難想像，一輩子觀賞上千個同樣偏頗的電視節目、廣告與電影會有什麼影響。

如果你是披薩餡料，你會是什麼口味？

甚麼樣的話題跟異性搭訕最有效？為什麼相親的陌生男女聊電影會速配失敗，一起聊旅遊卻成功機率大增？

知道隱含的因素如何影響人的想法、感覺與行為，你就可以運用這些資訊為自己塑造優勢。

目前，全球有數百萬單身人口急著尋找完美伴侶（很多人是能找到伴就好），還好訣竅唾手可得。多年來，研究人員一直在探索如何以異性相吸的心理幫大家在交友時博得對方的好感。這類研究就像本書提過的許多奇怪科學一樣，並不是在實驗室中進行，而是在現實生活中探討，例如速配約會、徵友廣告、加拿大卑詩省的卡皮蘭諾河上方。

一九七四年，心理學教授唐諾・杜頓（Donald Dutton）與亞瑟・艾隆（Arthur Aron）在卑詩省卡皮蘭諾河上方的兩座橋上做了兩個特別的研究。[44] 其中一座橋是河床上方兩百呎的吊橋，另一座比較低，也比較堅固。年輕男子過橋時，喬裝成市調員的女性實驗者會請他們停下來填張簡單的問卷，並主動提供電話號碼，讓他們如果想進一步了解這個研究可以打電話給她。實驗結果誠如預期，高橋上的男子不僅接受電話的比例比低橋上的男子高，他們後來打電話給女實驗員的比例也比較

高。為什麼在卡皮蘭諾河上方的高度會和接受女性電話及打電話和她聊天有關?

在橋樑實驗之前,研究人員已經證實幾百年前詩人的臆測。我們看到有吸引力的人時,隨著身體準備採取可能的行動,心跳也會開始加速。杜頓與艾隆想知道反過來是否也成立:心跳加速時比較可能覺得某人有吸引力,所以他們做了雙橋實驗。吊橋在高空上搖晃所帶來的不安,讓高橋上的人比低橋上的人心跳更快。高橋上的人碰到女市調員時,他們潛意識以為心跳加速是因為她的緣故,而不是吊橋。所以他們的身體欺騙大腦相信他們覺得那位女性有吸引力,他們也比較想獲得她的電話並打電話給她。這項結果除了顯示身體如何欺騙大腦外,對我們的人生也有一個重要的寓意:這也是為什麼有些學者認為,當你希望某人愛上你時,你和約會對象應該迴避讓人平心靜氣的新世紀音樂、鄉間漫步與風鈴。你們一起去聽搖滾演唱會、搭雲霄飛車或看恐怖電影時,反而可以增加對方愛上你的機率。

杜頓與艾隆做的研究只是許多探討情愛心理的特殊實驗之一而已,有些研究還探討搭訕語這類比較棘手的議題。

如果你真的想讓可能的約會對象對你留下深刻的印象,第一步最好怎麼做?搜尋網路當然沒有用,大家常用的搭訕語只會適得其反(「這裡很熱,還是因為有你的關係?」、「如果可以重新排列字母順序,我會把U和I放在一起」、「我忘了我家電話,可以給我你的嗎?」)。為了幫大家找出最有可能吸引可能伴侶的搭訕詞,愛丁堡大學的研究人員請大家評斷多

種不同的經典開場白。[45]

研究結果發現，直接以性為訴求（「我可能不是什麼硬漢，但我肯定可以讓你在床上嗨翻天！」）或恭維的話（「原來妳在這裡，我一直在各地尋找妳的蹤影，我的夢中女孩！」）都沒什麼太大的效果。其實這些話一點效果也沒有，研究人員不明白它們怎麼還會流傳至今。幾經思索，他們推測這些話可能是「男人用來找性開放女性」（例如妓女）的用語。顯示機智、親切、富有、有文化涵養的搭訕語效果比較好。這項研究雖好，但研究人員也坦承，在匿名問卷上勾選「對，這是不錯的搭訕語」是一回事，現實生活中的反應又是另一回事。

最近我和愛丁堡國際科學展及同仁詹姆斯・賀朗（James Houran）與凱洛琳・瓦特（Caroline Watt）合作，一起探討尋找愛戀對象時，最好的搭訕語與閒聊話題，這項研究是以一個大規模的速配約會為主軸。

舉辦速配約會的幾個月前，我們在媒體上公開徵求想一起探討異性相吸原理的單身男女，結果收到五百人報名。我們從中隨機挑選一百位（男女各五十位）參加實驗。

我們在愛丁堡最悠久與富麗堂皇的飯店內舉行速配約會，會場設在華麗的大舞廳裡。當晚一開始，一百位受試者到場，大家隨機坐在五個長桌邊。每張桌子都是男生坐一邊，女生坐一邊。我們請四張桌子的人只和約會對象談特定的話題，我們選了四個最常見的聊天主題：嗜好、電影、旅遊、書籍。第五桌是對照組，這一桌的人可以聊任何話題。實驗開始時，我們

請大家和對面的人聊天。三分鐘以後，時間到，我們請大家評估剛剛的對象。他們覺得對方的外型有吸引力嗎？兩人之間的默契如何？心裡多快做出決定？最重要的是，他們還想和對方見面嗎？隔一會兒以後，每個人再和不同的人配對，重複整個步驟。兩小時後，大家經過十次速配約會，實驗就此結束。結果非常成功，後來有很多人繼續到酒吧聊天。有些人彼此交換電話，有些人還有進一步的交往。

　　隔天，我們把一千五百多頁的資料輸入超大的試算表中。每次看到有兩人表示願意再和彼此相見時，我們就把對方的電話寄給彼此，受試者中約有60％的人至少拿到一個人的聯絡資料。有些人的表現很好，約有20％的人獲得四個人的資料。女性比男性挑剔，但是最受歡迎的男女都有100％的成功率，他們當晚約會的十名對象都想再和他們見面。

　　不同的聊天話題也產生不同的成功率。聊電影時，想再見面的男女不到9％。相較之下，大家聊到最熱門的話題「旅遊」時，想再見面的比例有18％。為什麼相親的人應該避談電影？研究的其他資料可以透露一些端倪。當天晚上活動開始之前，我們請大家寫下最愛的電影類型，結果顯示男女的品味有很大的差異。例如，49％的男性喜歡動作片，但喜歡動作片的女性只有18％；29％的女性喜歡歌舞劇，但男性喜歡歌舞劇的比例只有4％。每次我走過談論電影的那一桌，都會聽到大家爭辯。相反的，談論旅遊時，話題通常是繞著美好假期與夢想目的地打轉，那些話題讓大家感覺很好，也讓彼此看起來更有吸引力。

資料也透露出一些令人訝異的訊息。雖然一般認為男人比較膚淺，會迅速對女人做出定論，但我們的研究發現，女性下決定的時間比男性還快，有45％的女性在三十秒內就已經做出判斷，而男性只有22％會那麼快下決定。男性顯然只有幾秒鐘的時間在女性面前留下深刻的印象，所以開場白就更加重要了。

為了發掘最好的搭訕語，我們比較受試者認為很棒與很糟的談話內容。失敗者通常會說「你常來這裡嗎？」之類的老梗，或是用「我有電算博士學位」、「我有朋友在開直昇機」之類的話想要引起對方的注意。比較有技巧的人則是以特別有趣的方式鼓勵對方多聊聊自己。人氣最旺的男女主角所講的句子剛好可以應證這一點。人氣最旺的男主角說：「如果你上《名人模仿秀》（*Stars In Their Eyes*）節目，你會模仿誰？」人氣最旺的女主角則是問：「如果你是披薩餡料，你會是什麼口味？」

為什麼這些話的效果特別好？答案就在一個和吸管與滑稽聲音有關的實驗中。

二○○四年，紐約州立大學石溪分校的心理學家亞瑟·艾隆（一九七四年做吊橋研究者）和芭芭拉·弗雷利（Barbara Fraley）隨機配對陌生人，讓他們做兩種有點奇怪的舉動。[46] 一種情況是，其中一位陌生人矇住眼睛，另一位用牙齒咬住吸管（使他們發出的聲音變得很滑稽）。兩人開始做一些讓他們發笑的行為。矇眼者必須聽從咬吸管者的指示，學習一連串的舞步。在另一個笑鬧實驗中，研究人員要求他們用自編的語言

演出他們最喜歡的電視廣告。另一組對照組比較嚴肅，他們沒有使用吸管，學習舞步時也不用矇眼，不必聽滑稽的聲音，廣告也是以英文演出。最後，實驗人員請大家填寫問卷，問他們從中獲得多少樂趣。實驗結果證實，矇眼、咬吸管、使用亂掰語言可以製造比較多的笑果。接著重點來了，研究人員請受試者畫兩個交疊的圓圈，顯示他們覺得自己和對方的親近度。結果顯示一起歡笑的人覺得和對方比較接近，也覺得對方比較有吸引力。

速配約會中得到的最佳搭訕語，就相當於咬吸管發出滑稽聲音一樣，這麼做可以讓雙方都覺得很有趣，使彼此更親近，更有吸引力。

「極簡主義者找女友」：
徵友廣告的心理

哪種徵友廣告可以吸引最多人回應？結論是用70％的文字
敘述自己，搭配30％的文字敘述理想對象的廣告吸引的回
覆最多。

想像你要寫一個徵友廣告，你覺得哪些用字最能有效吸引
最多的回函？這正是我們吸引力研究所探討的另一個議題。

我們請參與速配約會的人都寫一份二十字左右的徵友廣
告，然後把他們寫的廣告拿給一百多位男女看，問這些人最有
可能回應哪些廣告。研究結果為至今無人探討的廣告面向提供
了重要的線索。

以前的徵友廣告研究是探討男女最想尋找的類型，結果並
沒有太多令人意外的發現。[47]男性通常是找身材誘人、體貼與
喜歡運動的女性。女性則是找體貼、幽默、情緒穩定的男性。
我決定採用不同的方式研究。

我檢閱我們收到的廣告時，發現有個地方很奇怪。每個人
形容自己的字數有很大的差異，形容想找對象的字數則差異不
大。哪種徵友廣告可以吸引最多人回應？是詳細形容自己，還
是詳細形容對象的廣告？

為此，我數了每個人用來形容自己與對象的字數各是多

少，然後我用這兩個字數算出「自己相對他人」的比例。有一種極端是在廣告中幾乎只描述想要尋找的對象，卻不太提自己，他們的比例分數趨近於零，例如：

> 深髮，27歲，想找親切、浪漫、主動、關懷、願意冒險的人。我們可以告訴別人我們是在超市認識的！

比較中庸的例子是形容自己與對方的字數差不多，他們的比例分數趨近50％，例如：

> 隨和、有幽默感、喜歡運動、旅行、濃咖啡、外食的男子，想找有創意、風趣、陽光、快樂、有魅力的女孩共度漫漫夏夜。

另一種極端是把重點都放在自己身上，他們的比例分數趨近於100％，例如：

> 聰明、有趣、愛上健身房、不抽煙、歌手兼詞曲創作家、愛看偵探小說、爆笑片、美式喜劇、在陽光沙灘上漫步。

接著，我看每則廣告的比例分數與願意回應的人數之間的關係，結果很明顯，只有少數人願意回應第一種廣告，第三種廣告的結果稍好一些，但還是沒有吸引很多人回覆，結果平衡兩種極端的描述才是致勝之道。70％講自己，搭配30％講

尋找對象的廣告吸引的回覆最多。如果描述自己的文字超過70％，似乎會給人一種「自我中心」的感覺，描述自己的敘述不到70％又讓人存疑。

研究中兩個最受歡迎的廣告都符合這種七比三的型態，有48％的男性表示他們會回覆下面這則最受歡迎的女性廣告：

誠懇、有魅力、外向、有幽默感的專業女性，喜歡健身、社交、音樂與旅遊，想找志同道合、和善親切的男性共度優質時光。

同樣的，有近60％的女性表示下面這則最受歡迎的男性廣告會吸引她們：

有幽默感、冒險進取、熱愛運動、喜歡烹飪、喜劇、文化、電影的男性，想找直爽、有趣的女性聊天與交往。

我們的研究也為想要寫好徵友廣告的人提供另一個訣竅。我們問一百位受試者，他們覺得異性最有可能回應哪個廣告。結果兩性出現截然不同的反應。

我們先來看男性寫的廣告。我們比較女性說她們會回覆的比例與男人**認為**女性會回覆的比例。其中一個廣告如下：

高䠷、愛運動、時尚、有幽默感的男性，想找身材介於苗條到中等，有幽默感，喜歡汽車、音樂、衣服與擁抱的女性。

有11％的女性表示她們會回覆這則廣告，男性認為有15％的女性會回覆，他們的猜測還滿準的。另一則廣告寫道：

> 高大、有活力、有夢想、腳踏實地的男性，想找風趣、積極、不怕挑戰的女性。

這一次有39％的女性表示會回覆，男性的預估也很準，他們預估有32％的女性會回覆這則廣告。所以我們就這樣一則一則比對，男性都可以準確預估女性覺得有吸引力或會迴避的廣告。整體而言，男性預估的準確度平均是90％。

但是女性預估男性行為時就截然不同了。我們來看以下由女性寫的廣告：

> 可愛、鬼靈精怪、喜歡美食、美酒、有人陪伴的專業女性，想找高大、黝黑、帥氣、機智、健美的男性。

其實這則廣告一點都不吸引男性，只有5％的男性表示他們會回覆。但女性認為這則廣告可以吸引眾多男性，她們預估有44％的男性回覆。又比如以下的例子：

> 隨和、樂觀、友善的女性，喜歡放鬆、大笑、探索世界，想要徹夜起舞！

女性還是認為這則廣告可以吸引多數男性，但是她們又錯了，

只有22％的男性表示他們會回覆。

　　幾乎每則廣告都出現這種情況，女性幾乎都不太清楚什麼訊息可以吸引男性。為什麼她們的猜測那麼不準？或許從女性在問卷中主動表達的一些看法可以看出端倪，女性認為男性只在意女性的身體特質。我們時常聽到「他們只在意一件事」、「只對兩件事有興趣」之類的說法。但我們的研究顯示，男性或許沒那麼膚淺。不管原因是什麼，對於想要寫徵友廣告的女性來說，這項實驗的寓意很簡單：如果妳想吸引眾多的追求者，就找男士幫妳寫廣告吧！

第5章

科學化搜尋全球最爆笑的笑話

幽默心理學

一九七〇年代，搞笑劇《蒙提派森之飛行馬戲團》（*Monty Python's Flying Circus*）編了一齣短劇，整齣戲的主軸就是在尋找全球最爆笑的笑話。那齣戲的場景設在一九四〇年代，一位名叫恩尼斯特‧史圭珀勒（Ernest Scribbler）的男子想到一個笑話，把它寫下來，馬上就笑死了。那笑話實在太好笑，每個人看完後都一一笑斃。最後，英國軍方認為那則笑話可以當致命武器，請一群人把笑話翻成德文，每個人一次只翻一個字，以免被笑話影響。後來他們把笑話念給德軍聽，德方因為笑得太厲害而無法打戰。該劇最後以日內瓦會議的特別會做結，會中各國代表投票禁止使用笑話作戰。

二〇〇一年，我領導一個團隊進行長達一年的科學研究，尋找全世界最爆笑的笑話，算是戲如人生的奇怪案例。我們並沒有探索笑話

超現實的國際研究揭露男女為什麼笑點不同？

歡笑與長壽有什麼關係？

專業的喜劇演員為什麼好笑？

鼬鼠真的是世界上最好笑的動物嗎？

在軍事上的可能應用，而是想從科學觀點研究笑點。

除了尋找最吸引人的笑話以外，我的搞笑實驗也衍生出一連串超現實的經驗，涉及美國幽默作家戴夫·貝瑞（Dave Barry）、超大雞裝、好萊塢演員羅賓·威廉斯（Robin Williams），以及五百多個以「there's a weasel chomping on my privates」笑點（可譯成『有鼬鼠咬我的私處』或『有鼬鼠咬我的士兵』）做結的笑話。

更重要的是，這項研究也為當代幽默研究者所面臨的許多問題提供重要的資訊。引起男性與女性發笑的笑話不同嗎？不同國家的人看同一檔事都會覺得好笑嗎？我們的幽默感會隨著時間而改變嗎？如果要講動物笑話，你會把主角設成鴨子、馬、牛、還是鼬鼠？

為什麼雞要過馬路？

真有實驗可以找出什麼樣的笑話最好笑？實驗發現，笑話給人愈強的優越感，就會讓人笑得愈厲害。但笑話也可能影響人的自信與行為，導致笑話裡描述的刻板印象應驗成真。

　　二〇〇一年六月，當初委託我研究金融占星學的英國科學促進協會（BAAS）又聯絡上我，他們亟需一個專案做為年度全國頌揚科學的主題，他們想做一個大型實驗引起大眾注目，問我有沒有興趣，如果有興趣，想探討什麼主題？

　　幾經思索，我剛好看到電視重播《蒙提派森》那集和史圭珀勒有關的短劇，我開始思考**真的**好好搜尋全球最爆笑笑話的可能性，我知道這項專案有扎實的科學基礎，因為佛洛伊德、柏拉圖、亞里斯多德等全世界最偉大的思想家都曾針對幽默寫過大量的文章。事實上，德國哲學家維根斯坦（Ludwig Wittgenstein）對這個主題相當有興趣，他還說過哲學界可以專為笑話做一份詳盡的研究。我後來發現，每次我提出這個想法，就會引起大家認真的討論，有人質疑世上真有最爆笑的笑話嗎？有些人則認為不可能以科學方法分析幽默，不過幾乎每個人都會好心告訴我他們最喜歡的笑話。由於這個主題兼具科學性又能吸引普羅大眾，感覺很值得一探究竟。

　　我向BAAS提議進行一個國際網路專案，名為「笑話實驗

室」（LaughLab）。我會架設網站，分成兩區，其中一區讓大家輸入最喜歡的笑話，收錄到檔案庫裡。另一區是讓大家回答幾個和自己有關的問題（例如性別、年齡與國籍），並評估他們從檔案庫中隨機看到的笑話有多好笑。一年內，我們可以逐漸從全球各地蒐集大量的笑話與評分，並以科學的方式探討哪些因素可讓不同的族群發笑，哪些笑話可讓全球都笑逐顏開。BAAS裡每個人都同意進行這項專案，笑話實驗室就此獲准成立。

實驗成功的關鍵在於說服全球成千上萬的人上網共襄盛舉。為了宣傳這次實驗，BAAS和我根據全球最出名的笑話（後續我們也會用科學的方法證實它最不好笑）拍了一張引人注目的相片：「為什麼雞要過馬路？為了到對面。」二〇〇一年九月，我站在馬路中間，穿著實驗室的白袍，手拿寫字夾板，旁邊是穿著巨大雞裝的學生，好幾家全國報紙的攝影記者排在我們前面猛拍照，我還清楚記得其中一位攝影師抬起頭來大喊：「那位裝成科學家的傢伙可以站到左邊去嗎？」我大聲回他：「我**就是**科學家。」然後我尷尬地看著身旁的大雞。接下來的一年裡，這種超現實的情況經常發生。

那次宣傳相當成功，笑話實驗室登上全球各大報章雜誌。網站開站幾個小時就收到五百多則笑話與一萬多個評比。接著我們碰到一個大問題，很多笑話有點粗俗，其實那麼說還太委婉了，那些笑話根本就是下流，其中一個令人印象深刻的低俗笑話是和兩位修女、一串香蕉、一隻大象與小野洋子（Yoko Ono）有關。我們無法控制哪些人可以上網評斷笑話，所以這

類笑話不能納入檔案庫中。開站第一天我們就有三百多則笑話來不及處理，顯然我們需要有人全職篩檢笑話，幸好我的研究助理艾瑪·葛林幫了我這個忙。後續幾個月，艾瑪每天仔細閱讀每則笑話，篩除不適合闔家共賞的部分。有些笑話一直重複出現，讓她不免煩躁（「What is brown and sticky？A stick」的笑話總共被提了三百多次），不過她的一大收穫是現在她擁有全球最豐富的黃色笑話庫。

　　每則笑話的評比是從「不太好笑」到「非常好笑」共分五級。為了簡化分析，我們把第四級與第五級合併歸為「很好笑」，接著再把「很好笑」的笑話按回應的比例加以排名，如果笑話真的不怎麼樣，可能只會有1％或2％的人給它第四級或第五級的評等。相反的，真的讓人捧腹大笑的笑話就會有比較高的回應比例。第一週結束時，我們檢閱幾則笑話，大部分的內容都很糟，所以回應比例都不高。即使是名列前茅的笑話，回應的比例也低於50％。有25％到35％的參與者認為以下的笑話很有趣，所以這些笑話名列前茅：

　　　　一位老師心情不好，決定找班上的小朋友出氣，他說：「覺得自己很笨的起立！」幾秒後，只有一位小朋友緩緩站起來。老師問那個小孩：「你覺得你很笨嗎？」
　　　　「不是…」小孩答：「我只是不想看到全班只有你站著。」

　　　　你聽過有人因為三十分鐘完成拼圖而沾沾自喜，因為拼圖盒上寫著「五到六年」嗎？（其實是「五到六歲」的意思）

180
怪咖心理學之
史上最ㄎㄧㄤ實驗，用科學揭露你內心的真實想法

德州人：你打哪來（**Where are you from**）？

哈佛研究生：我來自一個講話不會以介詞結尾的地方。

德州人：好吧，你打哪來，蠢蛋？

一個白癡沿著河行走，發現河的對岸有另一個白癡。第一個白癡對第二個白癡喊道：「我怎麼到對面？」第二個白癡馬上回答：「你已經在對面了！」

名列前茅的笑話有個共通點，他們讓讀者有種優越感，因為笑話裡的人看起來都很蠢（例如拼圖的男子），誤會明顯的情境（例如河岸的白癡），嘲諷另一人的自大（例如德州人回哈佛研究生的話），或是讓掌權者難堪（例如老師與小朋友）。有句俗話說明喜劇與悲劇的差異：「**你**掉進下水孔，那叫喜劇，如果是**我**掉進去……」上述發現剛好為這句俗話提供了實證。

　　人有優越感時會發笑，這並不是我們率先發現的，這個理論遠溯及西元前四百年，希臘學者柏拉圖在名著《理想國》（*The Republic*）中曾經提過。「優越論」的支持者認為，笑是源自於露齒的動作，就像「古代叢林決鬥時的勝利大吼」一樣。由於笑和這些原始動物性有關，所以柏拉圖不太愛笑。他覺得嘲笑別人的不幸是錯的，開懷大笑是一時失控導致我們看起來有失人樣。事實上，這位西方哲學之父非常在意大笑可能破壞品行，所以他建議大家盡量不要觀賞喜劇，也不要演這類低俗的戲劇。

　　希臘思想家亞里斯多德後來寫的文章也呼應柏拉圖的觀

點。可惜，關於亞里斯多德對這個主題的看法，我們只能從間接的參考文獻中看到，因為他的原始論述已經年久失傳（就是安伯托・艾可〔Umberto Eco〕的推理之作《玫瑰的名字》〔*The Name of the Rose*〕的核心文本）。亞里斯多德認為，許多成功的小丑與喜劇演員因為誘發我們的優越感而讓我們發笑，這個理論很容易找到佐證。中世紀時代，侏儒與駝子帶給大家很多歡笑。維多利亞女王時代，大家譏笑精神病院的患者與畸形秀裡的怪胎。一九七六年有一項研究請大眾列舉描述喜劇演員的形容詞，大家常提到「肥胖」、「畸形」、「愚蠢」等字眼。[1]

優越論也可以用來解釋我們為什麼會取笑某些族群。英國人喜歡講愛爾蘭人的笑話，美國人喜歡取笑波蘭人，加拿大人愛找紐芬蘭人的碴，法國人愛開比利時人的玩笑，德國人愛取笑東弗里斯蘭人（Ostfriedlander）[2]【譯註：德國北部東弗里斯蘭〔East Frisia〕地區的人】。這些都是一群人把快樂建築在別人痛苦上的例子。

一九三四年，沃夫教授（Wolff）與同事發表第一個優越論的實驗結果。[3]研究人員要求猶太人與非猶太人評估多種笑話的好笑程度。為了盡量控制笑話的呈現方式，研究人員把笑話印在一百四十呎長與四吋寬的長條上，以固定速度讓長條從實驗室牆上的開孔掠過，確保每位受試者一次只看到一個字。受試者看到長條最後印上星號時，就必須喊出他們覺得笑話有多好笑。好笑級數介於-2（非常討厭）到+4（非常幽默）之間。誠如亞里斯多德與柏拉圖的預期，非猶太人看到貶抑猶

太人的笑話時笑得比較大聲，而猶太人比較喜歡貶抑非猶太人的笑話。另一部份的實驗是探索「對照組」蘇格蘭人的笑話對猶太人與非猶太人來說是不是一樣好笑。實驗者讓受試者看一連串嘲諷蘇格蘭人的笑話，例如經典的「蘇格蘭人為什麼對高爾夫球那麼在行？因為**打的桿數**愈少，球的耗損也愈少。」結果實驗者意外發現，非猶太人覺得好笑的程度遠高於猶太人。實驗者原以為這是非猶太人比較有幽默感的緣故，但後來他們才知道，挪揄蘇格蘭人的笑話並不適合當對照組。因為大家時常把猶太人和蘇格蘭人當成笑柄，這也使得猶太人比較同情蘇格蘭人，覺得挪揄蘇格蘭人的笑話並不好笑。參與這種創新研究顯然不是易事，有些受試者抱怨他們已經聽過其中好幾個笑話了。有一位甚至表示他寧可遭到電擊，也不想再聽任何冷笑話。

如今，研究人員致力克服這些問題，他們的研究發現也幫忙擴充與重新界定幽默的優越論。

我們現在知道，笑話給人愈強的優越感，就會讓人笑得愈厲害。多數人看到殘障者踩香蕉皮滑倒時，並不會覺得好笑，但是改用開罰單的警察取代殘障者時，大家就突然笑起來了。這個簡單的概念可以說明為什麼那麼多笑話都是用來挪揄當權者，例如政治人物（所以大衛‧賴特曼〔David Letterman〕才會講出下面這段出名的嘲諷話：「塞車塞得太嚴重，我勉強擠過的空間比柯林頓對性的定義還窄。」）、法官與律師（「智商10的律師怎麼稱呼？律師。智商15的律師又怎麼稱呼？庭上。」）當權者往往不明白這些笑話有多好笑，他們把這些笑

話當成對個人權威的威脅。希特勒很在意幽默的可能影響，所以他特別設置「第三帝國笑話法庭」以懲罰不當的幽默舉動，例如把狗取名為阿道夫（Adolf，希特勒的名字）。[4]

　　有些研究人員表示，這類笑話可能產生嚴重的後果。一九九七年，威爾斯大學卡地夫分校的心理學家葛雷格利·麥歐（Gregory Maio）和同事探討：看優越型笑話如何影響人對嘲諷對象的觀感。[5] 研究是在加拿大進行，所以是以加拿大人時常醜化的紐芬蘭人為實驗目標。實驗之前，研究人員把受試者隨機分成兩組，然後請每一組的人各錄一套笑話在錄音帶上，佯稱實驗目的是為了判斷讓聲音聽起來好笑或不好笑的特質。其中一組讀的笑話沒有嘲諷紐芬蘭人（例如《歡樂單身派對》〔Seinfeld〕裡的內容），另一組讀的是嘲諷紐芬蘭人的笑話（例如經典笑話：「我的紐芬蘭朋友聽說婦女每分鐘產下一子時，他覺得那位婦女該停了。」）。讀完笑話後，研究人員請受試者形容紐芬蘭人的個性特質。剛剛看紐芬蘭笑話的人覺得紐芬蘭人比較笨拙、愚蠢與遲鈍。

　　其他研究結果也同樣令人擔憂，它們顯示優越型笑話對自我觀感也會有誇張的影響。[6] 德國布來梅國際大學的詹斯·佛斯特教授（Jens Föerster）最近為八十位髮色不同的女子測試智商。他請一半的受試者先看金髮女子很蠢的笑話，然後大家一起做智力測驗。結果看過笑話的金髮女子比沒看笑話的金髮女子智商還低，這表示笑話可能影響人的自信與行為，導致笑話裡描述的刻板印象應驗成真。

　　笑話實驗室開始運作之初也可以看到優越論的影子，是以

長久以來的兩性之爭形式呈現。有25％的女性認為下面的笑話很好笑，但只有10％的男性這麼認為。

> 一位先生站上可以算命和秤重的投幣式體重機，投下一枚硬幣。「妳瞧，」他拿一張白色的卡片給太太看：「上面寫我活力十足、聰明、機智，是很棒的人。」太太點頭說：「是啊，它也把你的體重搞錯了。」

男女對這個笑話的評價不同，顯然原因之一在於它揶揄的對象是男性。不過，那不是唯一可能的解釋，也有可能是因為女性通常覺得笑話比較好笑。有一項研究檢視一年內日常對話中一千兩百個好笑的例子，結果發現男性講笑話時，有71％的女性會笑，但女性講笑話時，只有39％的男性會笑。[7] 為了探究這些不同的解釋中哪一種是對的，我們研究笑話實驗室的檔案庫，從中找出揶揄女性的笑話，例如：

> 一名男子在公路上開車，被警方攔下來臨檢。警察問：「你知道你的太太和孩子在一英里前掉出車外了嗎？」男子露出笑容大喊：「謝天謝地！我還以為我聾了！」

平均而言，有15％的女性覺得揶揄女性的笑話很好笑，男性覺得好笑的比例是50％。從這些評等差異可以看出，優越論的確可以用來解釋笑話引起男女發笑的差異，但是這並不表示兩性在幽默與笑話上毫無差別。研究顯示，男性講的笑話比女性多

出許多。有一項研究請兩百多位學生記錄一星期內聽到的所有笑話，並記下講笑話者的性別。結果大家總共回報六百零四則笑話，其中六成是男性說的。[8] 很多國家都可以看到這種講笑話的差異，甚至小孩開始學會講笑話時就有這種情況。[9]

有些學者認為，差異可能是因為女性會迴避黃色笑話或需要做侵略舉動的笑話（「地雷區的猴子怎麼稱呼？BABOOM！〔音似baboon狒狒〕」）。有些人認為差異是源自於笑聲、笑話、地位之間的關聯。社會地位高的人通常講的笑話比地位較低的人多。傳統上，女性的地位比男性低，所以她們學會聽笑話發笑，而不是講笑話。有趣的是，這種「地位與講笑話」關係的唯一例外是自貶式幽默：社會地位低的人會比社會地位高的人講更多自我貶抑的笑話。研究人員檢視男女專業搞笑演員說的自我貶抑笑話時，發現搞笑男藝人的手稿中包含12%的自我貶抑幽默，搞笑女藝人的比例則高達63%。[10]

笑話實驗室推出三個月後，我們第一次深入研究資料。這項專案的技術大師傑德・艾芙瑞（Jed Everitt）下載了一萬個笑話及十萬人的笑話評比。初期的冠軍笑話獲得46%的人認可，是英國西北方黑澤市的傑夫・安南達帕（Geoff Anandappa）所貢獻的。內容和知名的虛構偵探福爾摩斯與他的倒楣伙伴華生醫生有關：

> 福爾摩斯與華生醫生一起去露營，他們在星空下搭好帳篷後就進去睡了。半夜，福爾摩斯搖醒華生，對他說：「華生，你抬頭看星星，告訴我你發現了什麼。」

華生回答：「我看到數百萬顆星星。」

福爾摩斯說：「你從這點推論出什麼？」

華生回答：「如果有數百萬顆星星，即使只有一些是行星，很可能其中有類似地球的行星。如果外太空有類似地球的行星，可能上面也有生命存在。」

福爾摩斯說：「華生，你這個白癡，這表示有人偷了我們的帳篷。」

這是典型的雙層式優越論，我們因為華生沒注意到帳篷不見而發笑，也因為福爾摩斯以自以為是的方式向華生轉述這個消息而發笑。

兩千年前，古希臘哲學家柏拉圖推測優越感是創造幽默的要角。我們的研究顯示，他不僅猜得沒錯，而且在二十一世紀的今天，幸災樂禍的動物性大吼依舊存在。

「雪茄有時就只是雪茄，但笑話可不光只是笑話。」

實驗過程中，一個和最基本的社會禁忌「人獸交」的笑話沒被篩檢出來。有趣的是，這則笑話獲得很高的分數，有55％的人覺得好笑。男性覺得好笑的比例比女性多，丹麥人覺得這個笑話最好笑……

　　雖然實驗一開始很成功，我們還是希望有更多人可以上我們的虛擬實驗室，所以我們向媒體發表最初的研究發現。上次「為什麼雞要過馬路？」的照片引起廣大的迴響，這次我們拍了第二張引人注目的照片，請演員裝扮成小丑，躺在知名心理學家佛洛伊德用過的躺椅上。為什麼是佛洛伊德？他對幽默很感興趣，一九〇五年發表的經典論文《笑話與無意識的關係》（*Jokes and Their Relation to the Unconscious*）就是談這個主題。

　　佛洛伊德的基本心理模型主張大家都有性愛與攻擊的想法，但社會不讓我們公然展現這些思想。所以它們被壓抑到潛意識中，只有睡夢中或特定心理分析時說溜嘴才會洩漏出來。

　　佛洛伊德認為，笑話是一種心理宣洩機制，可以避免過度壓抑。換句話說，笑話可以幫我們因應造成我們不安的原因。講笑話或聽某人的笑話發笑可以在無意間透露許多潛意識訊息，所以他曾說：「雪茄有時就只是雪茄，但笑話可不光只是

笑話。」由於佛洛伊德常以雪茄做為陽具的象徵，所以我總覺得他這句名言頗耐人尋味。

關於佛洛伊德對幽默心理的貢獻，學術界有許多爭議，有一派學者指出：「……要找智商中等以上、又比佛洛伊德不了解幽默的人極其困難。」[11] 不過這群研究人員也以下面這段話說明幽默的優越論：

> 假設S認為J是個笑話，在這個笑話中，S覺得A是贏家，B是笑柄。則S對A與A的「行為」看法愈正面，對B與B的「行為」看法愈負面，S從J感受到的歡樂也就愈多。

佛洛伊德博物館位於北倫敦，他晚年就在那裡工作度過餘生。建築裡有許多藏書與藝術品，當然還有佛洛伊德那張知名的躺椅。這張五呎長的躺椅是一八九〇年代一位病患因感激而送他的。在典型的治療過程中，病患會躺在躺椅上，佛洛伊德則是坐在大型的手扶椅上。他發明了許多技巧探討潛意識的活動，有時候他會請病患聊聊他們的夢境。有時他會說出特定的字，讓病患回應腦中想到的第一個字眼。那張躺椅已經變成佛洛伊德了解人類心理的象徵，正好適合當我們第二張宣傳照的背景。BAAS聯絡博物館，很高興得知館長特准我們的小丑躺在這張最出名的躺椅上。

二〇〇一年十二月，一個冷冽的上午，笑話實驗室團隊和小丑一起抵達博物館，館方帶我們進入佛洛伊德的辦公室，那房間令人印象深刻，一面牆上擺滿佛洛伊德的豐富藏書與手

稿。房裡四處可見埃及、希臘與羅馬古物的擺設。躺椅就放在房裡一角，在佛洛伊德的大型皮椅旁邊。

攝影師抵達後，我們開始就定位，小丑小心翼翼地躺上躺椅，我拿起寫字夾板，坐到皮製的扶手椅上。坐上全球最知名心理學家坐過的皮椅，面對一位戴著巨型藍髮、畫著誇張笑臉、穿著超大紅鞋的人躺在他的躺椅上，這又是一次超現實的笑話實驗室時刻。攝影師很喜歡這個畫面安排，拍得很開心。為了讓照片多幾分寫實感，有人問我可不可以為小丑進行非正式的心理療程。我雖然不是佛洛依德學派的心理學家，但我很樂意試試看。我問「病人」有什麼問題，那位反應很快的小丑馬上說，大家都不把他當一回事，他很不開心。

佛洛伊德宣稱自己是科學家，但沒人驗證過他提出的許多論點。即便如此，笑話實驗室裡有很多笑話都可以佐證佛洛伊德的想法。我們收到不少和婚姻失和、性愛失常、生離死別有關的笑話：

我已經和同一個女人相愛四十年，
老婆知道一定會把我殺了。

病人對精神科醫生說：「昨晚我說溜了嘴，我和岳母吃飯，原本我想說：『麻煩把奶油傳給我。』結果我卻說：『妳這隻蠢牛，毀了我一生。』」

一名男子到醫院健檢，測試幾週後，醫生對他說有好消息也有壞消息。

「壞消息是什麼？」男子問。

「我們覺得你罹患了一種無法醫治的罕見疾病。」醫生說。

「天啊，完了。」男子說：「好消息呢？」

「我們將以你的名字為這種病命名。」醫生答。

有些笑話讓我們得以探討佛洛伊德的理論。老年人對老化的影響通常會比較不安，所以他們會覺得記憶衰退之類的笑話比較好笑嗎？佛洛伊德認為應該是這樣，我們的資料可以證實這點嗎？我們仔細篩選笑話庫，挑出幾個和老化有關的笑話，例如：

一對老夫妻去另一對夫妻家用餐，餐後，太太們離開餐桌到廚房去。兩位老翁開始聊天，一位說：「昨晚我們去一家新餐廳，真的很不錯，我非常推薦。」

另一個人說：「那家餐廳叫什麼名字？」

第一位老人想了老半天後終於說：「你送愛人的花叫什麼來著？就是紅色有刺的那種。」

「你指玫瑰嗎？」

「對。」於是他轉身朝廚房大喊：「玫瑰，我們昨晚去的餐廳叫什麼名字？」

一位近七十歲的老翁懷疑他的太太快聾了，他決定測試她的聽力，他隔著客廳和她分別在兩邊，他問：「妳聽得到我嗎？」沒回應，他走到客廳中間問她：「現在妳聽得到我嗎？」還是沒回應。他移到她身邊說：「妳聽得到我嗎？」她回答：「這是我第三次說聽到了。」

我們研究的結果就像佛洛伊德的預期一樣，年輕人不喜歡這類笑話。平均而言，不滿三十歲的人只有20％覺得這些笑話好笑，六十歲以上的族群則有50％覺得好笑。結論很明顯：為我們帶來最大不安的人生問題會讓我們發笑。

我們在不經意下又做了第二個實驗證明這一點。幫我們篩選笑話的艾瑪・葛林把粗俗的笑話都從網站上移除了，但是她不小心漏了一則沒刪：

一名男子去找牧師，他說：「我覺得很糟，我是醫生，和幾位患者上過床。」牧師露出關切的表情，為了安慰那名男子，他說：「你不是第一個和患者上床的人，也不會是最後一個，或許你不必有那麼大的罪惡感。」
「你不懂，」那男子說：「我是獸醫。」

這是典型的佛洛伊德式笑話，和最基本的社會禁忌有關：人獸交。有趣的是，這則笑話獲得很高的分數，有55％的人覺得好笑。男性覺得好笑的比例比女性多，丹麥人覺得這個笑話最好笑。

5-3

攸關幽默的半腦

科學家決定探究人們對笑話發笑時大腦的狀況。結果發現，左腦受損的受試者較難理解雙關語類型的笑話。有趣的是，他們還是覺得搞笑電影很有趣，他們並沒有喪失幽默感，只是無法明白某些腦筋急轉彎的笑點而已。

　　科學家不以幽默感見長，不過，由於我們是在做實驗，我們覺得應該可以請一些英國知名的科學家與科普類作家提供他們最愛的笑話。他們都很樂意幫忙，我們收到好幾位英國頂尖思想家貢獻的笑話，包括英國皇家學院的院長蘇珊・格林菲爾德（Susan Greenfield）、行星科學家與火星登陸艇小獵犬2號的計畫主持人科林・皮林格教授（Colin Pillinger）、演化生物學家史蒂夫・瓊斯教授（Steve Jones）、賽門・辛博士（Simon Singh）等等。

　　知名科學家或科普類作家貢獻的笑話中，冠軍笑話是由諾貝爾化學獎得主哈利・柯洛托爵士（Harry Kroto）貢獻的。柯洛托因發現「碳六十」（C60 Buckminsterfullerene）而出名，他比較不為人知的是，他說自己奉行四種「宗教」：人道、無神論、國際特赦、幽默。或許最後一項興趣讓他比其他科學家更有優勢，他的笑話和老掉牙的兩人一狗笑話有關：

一名男子在街上走，看到另一人帶著一隻大狗。男子說：
「你的狗會咬人嗎？」

對方回答：「我的狗不會咬人。」

於是那男子摸摸狗，反被狗咬了一口，他大叫：「你不是說你的狗不咬人？」

對方回答：「這又不是我的狗。」

整體而言，科學家貢獻的笑話都沒有得到很高的分數。事實上這些笑話的排名都落在倒數三分之一，連柯洛托爵士的笑話也只打敗45％的笑話而已。[12]

我們也探索其他的幽默來源：電腦。笑話實驗室吸引了很多和電腦有關的笑話，也收到幾則真的由電腦創作的笑話。

幾年前，葛拉罕‧瑞奇博士（Graham Ritchie）與金恩‧賓斯代（Kim Binsted）開發一套可以製造笑話的電腦程式，[13]我們很想知道電腦是不是比人類有趣，所以我們也把幾則電腦寫的最佳笑話輸入笑話實驗室裡，它們的分數大多很低。不過有一則的「笑果」卻出乎意料地好，打敗兩百五十則人類的笑話：

「哪種殺人犯有纖維？麥片殺手。」（**cereal killer**音似**serial killer**〔連續殺人犯〕）

這是形式最基本的笑話，借用簡單的雙關語。大家最常以「不協調」理論說明我們為什麼會覺得這類笑話好笑，因為這些笑

話的組成出人意料，所以讓我們發笑。小丑穿誇張的大鞋（尤其是在沒表演時）、政客說實話時，我們都覺得好笑。同理，很多笑話之所以好笑，是因為它們出乎我們的預期。熊走進酒吧、動物與植物對話等等，但是這個理論除了主張簡單的不協調外，還有更深的意涵。在很多笑話中，笑話的鋪陳與笑點之間有不協調的急轉彎：

魚缸（tank）裡有兩隻魚，一隻魚對另一隻說：「你知道這要怎麼開嗎？」

笑話的原始設定讓我們以為兩隻魚是在魚缸裡，但是笑點卻令我們意外：魚要怎麼開魚缸？於是我們馬上想到「tank」有兩個意思，魚其實是在坦克車裡。科學家稱這種情況為「失諧—解困」理論，我們解開笑點衍生的不協調感，隨之而來的訝異感令我們發笑。

　　笑話實驗室決定探究我們因這類笑話發笑時大腦的狀況。為此，我聯絡劍橋大學的神經科學家艾綴恩·歐文博士（Adrian Owen），我找歐文幫忙有兩個原因。第一，他是全球首屈一指的大腦造影專家。第二，我們大學時一起念心理學，暑假一起上「大膽首領」魔術秀（Captain Fearless）表演，一直是很要好的朋友。艾綴恩和英國精神病學院的史提夫·威廉斯教授（Steve Williams）合作，使用功能性核磁共振造影（functional magnetic resonance imaging，簡稱fMRI）檢查我們因雙關語發笑時的大腦情況。

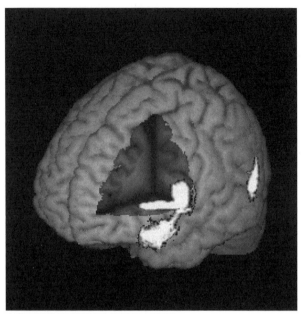

立體掃描圖顯示覺得笑話好笑的大腦部位。

　　大腦掃描常用來研究各種心理現象，其中我最喜歡的實驗是格羅寧根大學的蓋特‧霍施泰格（Gert Holstege）所做的，他用大腦掃描探究女性如何假裝高潮。[14] 這項研究讓女性把頭伸進掃描機內，由他們的伴侶以手幫她們達到真正的高潮，另外研究人員也請這些女性假裝高潮。比較兩種大腦掃描的結果發現，假高潮會用到大腦的特定部位，所以要知道高潮的真假必須採用這麼昂貴的方式才能辨別。研究人員也發現，許多男女會因為雙腳冰冷而產生冷感，當他們讓男女雙方都穿上襪子時，就有八成的男女可以達到高潮了，相較之下沒穿襪子只有五成的人達到高潮。

我們的大腦掃描雖然比較容易取得，但是感覺一樣很超現實。研究時需要把人的頭伸進要價上百萬英鎊的掃描機裡，並請受試者讀一些好笑的雙關語。研究顯示，為笑話鋪陳最初的來龍去脈時（「魚缸裡有兩隻魚」），左腦扮演重要的角色，但右腦的某一小區有理解截然不同情境所需的創意技巧，而且這些情境往往很超現實（一隻魚對另一隻說：「你知道這要怎麼開嗎？」）下圖就是我們得出的其中一張大腦掃描圖，圖中顯示閱讀前半段笑話鋪陳時，左半腦有兩處受到刺激。

有些研究顯示左腦受損者比較無法聽懂笑話，所以他們無法了解人生的有趣面向，[15] 這項研究也支持那樣的論點。大家看一下以下的笑話鋪陳，再看三個可能的笑點，看看是否能從其中猜出正確的笑點是哪一個。

> 一名男子在擁擠的廣場上走向一名女子說：「抱歉，妳看到這附近哪裡有警察嗎？」
> 「對不起，我已經很久沒看到警察了。」女子答。

可能的笑點是：

A.「喔，妳可以交出妳的手錶和項鍊嗎？」
B.「喔，沒關係，我找了半小時都沒看到。」
C.「棒球是我最愛的運動。」

顯然第一個笑點是正確的，第二個是合理的描述但不好笑，第三個既不合理也不好笑。左腦受傷的人通常會比沒受傷

的人更容易挑選第三個笑點。這些人似乎知道笑話的結局應該要令人訝異，卻不知道其中一個笑點可以重新詮釋成合理的解釋。有趣的是，他們還是覺得搞笑電影很有趣，他們並沒有喪失幽默感，只是無法明白某些腦筋急轉彎的笑點而已。有些研究這類主題的人認為：「左腦或許可以了解一些格勞喬（Groucho）的雙關語，右腦或許覺得哈波（Harpo）的滑稽動作很有趣，但唯有左右腦一起運作，才懂得欣賞馬克斯兄弟【譯註：Marx Brothers，無厘頭喜劇的祖師爺，是一隊知名美國喜劇演員，五人都是親生兄弟，哈珀、格勞喬、奇科是其中三位。】的喜劇。」就像記者泰德・福蘭德（Tad Friend）在《紐約客》上為笑話實驗室所做的枯燥報導寫道：左右腦似乎都不覺得奇科（Chico）有什麼好笑。[16]

5-4

鼬鼠與好笑K元素

有沒有哪些字或聲音,一說出來人們就會發笑?搞笑演員和喜劇作家從很久以前就一直覺得「K」這個音特別好笑。

　　二〇〇二年一月,葛林走進我的辦公室說:「我搞不懂,我們幾乎每分鐘就收到一則笑話,但是這些笑話的笑點都是同一句話:『there's a weasel chomping on my privates』。」當時我們的實驗已經進行五個月,在我們不知情下,國際知名的美國幽默作家戴夫‧貝瑞剛在《國際先鋒論壇報》(*International Herald Tribune*)的專欄提及我們的研究。[17] 在前篇專欄文章中,貝瑞宣稱任何一句話只要加入「鼬鼠」(**weasel**)兩字就會變得比較好笑。[18] 他在探討笑話實驗室的專欄文章中重複提及這個理論,並鼓勵讀者以「there's a weasel chomping on my privates」做為笑點,投稿參加我們的實驗。此外,他也請大家把每個納入檔案庫的鼬鼠笑話都打五分。在幾天之內,我們就收到一千五百多則「鼬鼠咬私處」的笑話。

　　某些字與聲音會讓人發笑,貝瑞並不是唯一提出這類理論的幽默作家。我們在笑話實驗室的研究期間也做過一個小實驗,實驗結果就支持大家最常引用的理論:神祕好笑的K元素。

　　我們在實驗初期收到下面這則笑話:

兩頭乳牛站在農場中，其中一頭牛說：「哞。」另一頭牛說：「我才正想說那個字！」

我們決定以這個笑話作為小實驗的基礎，我們把笑話內容改成不同的動物與聲音，重複輸進檔案庫好幾次，包括兩隻老虎叫「吼」，兩隻鳥叫「啾」，兩隻老鼠叫「吱」、兩隻狗叫「汪」等等。研究最後，我們檢視不同動物對於笑話好笑度的影響。大家覺得第三好笑的是最原始的乳牛笑話，第二好笑的是兩隻貓叫「喵」，但最好笑的動物聲音是：

兩隻鴨子浮在池塘上，其中一隻鴨子說：「呱。」另一隻鴨子說：「我才正想說那個字！」

有趣的是，「K」（「科」）的音和「quack」（呱）與「duck」（鴨）兩字都有關，搞笑演員和喜劇作家從很久以前就一直覺得K這個音特別好笑。

「好笑K元素」的概念也融入通俗文化中。《星艦迷航記：銀河飛龍》（*Star Trek : The Next Generation*）中有一集名叫〈誇張歐肯納〉（Outrageous Okona），劇中有一位喜劇演員向機器人百科（Data）解釋何謂幽默時就提到這個概念。《辛普森家庭》（*The Simpsons*）裡面也有一集提到小丑庫斯提（Krusty The Clown，注意K的音）去看信仰治療師，因為他表演時一次發了太多K的音而導致聲帶麻痺。聲帶醫好以後，庫斯提很高興他又找回好笑的K元素，快樂地大喊：「King

Kong」（金剛）、「cold-cock」（揍得不省人事）、「Kato Kaelin」（加藤・凱倫），並吻了信仰治療師一下以表達謝意。

　　K的音為什麼會產生那樣的愉悅感？那可能是因為一種奇怪的心理現象，叫做「臉部表情回饋」。我們覺得快樂時會微笑，但有些證據也顯示，這個機制反過來也能運作：也就是說，人會單純因為微笑而感到快樂。

　　一九八八年，弗瑞茲・斯崔克教授（Fritz Strack）與同事讓大家在兩種情況下判斷蓋瑞・拉森的《遠端》有多好笑。[19] 他們要求一群受試者用牙齒咬著鉛筆，但不碰到雙唇，大家在不經意下便做出微笑的表情。另一群受試者則是以雙唇頂著鉛筆，沒用到牙齒，這讓他們的臉形成皺眉狀。研究結果顯示，受試者真的會體驗到和表情有關的情緒。露出笑臉的受試者覺得比較快樂，他們認為《遠端》比較好笑。

　　有趣的是，很多發K音的字也會讓人露出微笑（想想 quack與duck），這可能是讓我們覺得這些聲音比較好笑的原因。不管這一點能不能解釋好笑K元素，這種說法的確在幽默的另一方面扮演重要的角色：笑的感染力。

　　一九九一年，北達科他州立大學的心理學家弗林・辛茲（Verlin Hinsz）與茱蒂斯・湯海夫（Judith Tomhave）到好幾個購物中心研究微笑。[20] 一位實驗者對著隨機挑選的人微笑，另一位實驗者則躲在偽裝的小吃攤後，仔細觀察大家是否也以微笑回應。他們微笑與觀察好幾個小時以後發現，有一半的人會以微笑回應實驗者，所以他們覺得「笑的時候，全世界跟著你一起笑」這句俗話應該改成「笑的時候，一半的世界跟著你

一起笑」比較正確。

不自覺中自動模仿周遭臉部表情的能力，在團隊生存、凝聚向心力與培養關係中都扮演重要的角色。模仿別人的表情時，我們馬上就能感受到對方的感覺，比較能夠感同身受，與他們溝通。團隊中有一人微笑，其他人會自動模仿他的臉部表情，心情也會為之一振。另一個人感到難過、害怕或驚慌時，他展現的情緒也會逐一感染每個人。這種效果再加上鉛筆實驗的結果，可以解釋笑為什麼有感染力。我們看到或聽到別人笑時，比較容易模仿那樣的行為，自己也跟著笑了起來，覺得情況很有趣。這也是為什麼有那麼多電視喜劇會搭配罐頭笑聲，十九世紀的戲院會雇用笑聲特別有感染力的「專業」觀眾（所謂的「哄笑者」〔rieur〕）來鼓勵全體觀眾哄堂大笑。

雖然這種感染力通常效果有限，但有時也可能失控，讓上千人大笑不止。一九六二年一月，三名就讀坦尚尼亞寄宿學校的少女開始發笑，[21] 她們的笑聲迅速感染校內一百五十九位學童中的九十五位，三月時學校已被迫停課。根據報導，大家發笑的時間從幾分鐘到數小時不等，雖然大家笑到全身無力，不過並沒有釀成不幸事件。五月時學校重新開課，但幾週內又有六十名學生感染「愛笑病」，導致學校再度停課。封校也衍生進一步的問題，幾位女學生返回老家納相巴後，村裡有兩百多人馬上陷入無法克制的笑聲中，不知道他們老師的姓名中是否包含好笑的K元素。

躺椅上的喜劇演員

專業喜劇演員選擇以困難的方式謀生。他們必須每晚登台作秀，讓一群陌生人捧腹大笑。不管他們的感受如何，生活中發生什麼事，他們都必須製造笑果，所以有心理學家對於分析他們的心理很感興趣。

幾個月後，我們收到兩萬五千多則笑話與一百萬個評比，在國際媒體上大量曝光。這時加拿大的奧斯卡紀錄片得主約翰・札瑞茲基（John Zaritsky）聯絡上我，問我願不願意以笑話實驗室為主題合拍一部電影，探討全球各地的幽默感，我馬上就答應了。我們一起到世界各地探索讓各地的人捧腹大笑、咯咯傻笑、拍案叫絕的原因。

為了拍片，約翰邀我到洛杉磯實地測試一些得分很高的笑話，我仔細搜尋資料庫，找出兩類笑話，英國人覺得特別好笑與美國人特別喜歡的笑話。二○○二年六月，我站在加州帕莎蒂娜的搞笑劇團冰屋（Ice House）的舞台側面，美麗的主持人黛比・古提艾瑞茲（Debi Gutierrez）站在舞台上說明接下來要做的事。她講解笑話實驗室的宗旨，告訴大家我會上台說一些英國最受歡迎的笑話，她會講一些美國人評分最高的笑話。隔一下子，我就上台了，這又是另一個超現實的時刻，黛比以一個經典笑話開場：

女子對男藥劑師說：「你有威而剛嗎？」

藥劑師：「有。」

女子：「在藥局櫃臺就能得到嗎？」

【譯註：原意是「不用處方箋就可以在藥房取得嗎？」但 get it 也有發生性行為的意思，所以藥劑師聽成「在櫃臺就能勃起嗎？」】

藥劑師：「我服兩顆就可以。」

黛比搞砸了笑點，所以笑果不如預期，甚至引不起大家竊笑。接著換我，我決定以虛擬實驗室中廣受英國人好評的「醫生」笑話開場：

一名男子去看醫生做體檢，檢查完時，他問醫生他可以活多久，醫生回答：「十。」那名男子聽了很困惑，他說：「十什麼？是十年？十個月？還是十週？」醫生答：「九、八、七……」

大家還是不為所動，連一根針掉在地上都聽得見，或是說鴨子掉地上還比較好笑一點。我們又講了幾個笑話，依舊毫無動靜，後來黛比終於即興說出一個不存在的笑話，引起大家哄堂大笑：

「兩名同性戀和一名侏儒走進酒吧……」

我們的資料顯示，應該會有三分之二的人覺得這些笑話好

笑，但實際上，真正實驗後才發現好笑的比例趨近於零，所以到底哪裡出了問題？這就是典型的各有所好。為笑話實驗室做評比的人形形色色，會到搞笑劇團觀賞表演的人比較喜歡特定類型的喜劇：大膽、粗俗、無禮、挑釁的笑話。關於喜劇，並沒有絕對好笑的要素，沒有一個笑話可以讓每個人都覺得好笑，這完全要看笑話和人速不速配而定，我們這次完全找錯對象了。實驗最後，當我們宣布最爆笑的笑話時，這個論點也再度浮上檯面。

雖然站上冰屋的舞台沒什麼樂趣，但在後台和其他表演者一起等待時卻滿有意思的。專業喜劇演員真的是很滑稽的一群，他們選擇以困難的方式謀生，又得承受高度的壓力。他們必須每晚登台作秀，讓一群陌生人捧腹大笑。不管他們的感受如何，生活中發生什麼事，他們都必須製造笑果，所以有一小群心理學家對於分析他們的心理很感興趣。

伍迪・艾倫（Woody Allen）曾說：「……大多時候我都覺得沒多大樂趣，剩下的時候我也覺得毫無樂趣。」大眾對憂傷小丑的刻板印象有幾分的真實性？我們很容易就會聯想到一些知名的例子，包括英國的喜劇演員史派克・米利根（Spike Milligan，他終身都深受躁鬱症所苦）及美國演員藍尼・布魯斯（Lenny Bruce）與約翰・貝魯西（John Belushi）（兩人據說都是自殺身亡）。

一九七五年，美國精神科醫師山謬爾・傑納斯（Samuel Janus）發表一份創新的論文，分析喜劇演員的心理，傑納斯很想探索所謂「憂傷小丑」背後的真相，所以他走訪五十五位

知名的專業喜劇演員，以了解他們的生活。[22] 傑納斯找來一些喜劇泰斗，他們只和年薪六位數以上的人共事，而且享譽全國。研究結果顯示，他們大多擁有過於常人的智商（少數幾位甚至達到「天才」的水準），有80％的人這輩子看過心理醫生，幾乎每個人都很擔心自己星運會走下坡。後面的發現使傑納斯推論：「有幾位喜劇演員可以享受人生，獲得名利上的優點，但是他們只佔極少數。」他的報告也提到和非常成功但充滿不安的專業喜劇演員共事的問題。雖然他們的智商都很高，但傑納斯表示：「問題不在於他們的反應，而是必須持續安撫他們的不安，向他們保證他們真的做得很好。」另外，傑納斯也提到，這些喜劇演員被問到他們的心理治療經驗時，有幾位指出，治療師叫他們「……躺在躺椅上，告訴我你知道的一切。」，沒多久他們就說：「感覺好像換治療師到費城登台作秀了。」

假裝世界永遠滑稽

受試者看完令人不安的電影後，**血液循環降低35％，但看完幽默題材後則增加22％。根據研究的結果，研究人員建議大家每天至少笑十五分鐘。**

　　一九八一年，紐約州立大學雪城分校的心理分析師西摩爾·費雪（Seymour Fisher）與若達·費雪（Rhoda Fisher）發表研究結果，他們並不支持傑納斯所謂「喜劇演員是憂傷小丑」的說法。[23] 費雪兄弟進行廣泛的調查，研究四十多位知名的喜劇演員與小丑，包括席德·西薩（Sid Caesar）、傑奇·梅森（Jackie Mason）、小丑布林可（Blinko the Clown），並出版《假裝世界永遠滑稽》（*Pretend the World Is Funny and Forever*）一書發表他們的研究。

　　他們在研究中做了一個經典的佛洛伊德測試：羅夏克墨漬測驗。他們請受試者看模糊的墨漬，說出他們想起什麼。學術研究中時常用到這類測試，甚至有一個知名的佛洛伊德笑話也以此為主題：

　　一名男子去看心理分析師，分析師拿出一疊印有墨漬的卡片，讓男子一次看一張，問他墨漬讓他想起什麼，男子看了第一個墨漬後說：「性」，看到第二個墨漬後又說：「性」。事實上，他看到每一張卡片都說：「性」。心理

分析師憂心地說：「我不是想嚇你，但你似乎滿腦子都是性。」那男子驚訝地回答：「我真不敢相信你剛剛說的，擁有整疊色情卡片的可是你。」

多數測試是在餐廳與馬戲團的更衣室進行，費雪兄弟表示，這些測試往往很難進行，因為旁人和其他表演者常打斷他們。

費雪兄弟的研究和一般人對「憂傷小丑」的印象及傑納斯之前的研究結果剛好相反，他們發現喜劇演員與小丑鮮少有精神疾病。專業喜劇演員的工作雖然充滿壓力，但費雪兄弟意外發現，這些受訪者都能迅速恢復元氣，調適力都很好。

另一方面，費雪兄弟也檢視喜劇演員與小丑的童年經驗，他們說受訪者大多從小就開始走這一行，小時候通常是班上的活寶。他們常開老師的玩笑，這點也符合幽默的「優越」論。有一位表演者記得老師叫他到黑板拼「petroleum」（石油）一字，他馬上走到前面，拿起粉筆寫下「oil」。專業喜劇演員通常出生低收入戶，童年不是過得很好，所以他們的表演可能是想獲得觀眾的喜愛，藉此彌補童年的缺憾，有很多實際證據支持這點。伍迪・艾倫曾說「被接納的需求」是他想要變得風趣的主要動力之一。傑克・班尼（Jack Benny）不喜歡在古巴度假，因為那裡沒人認得他。W.C.菲爾茲（W.C. Fields）曾經提到他喜歡讓人發笑是因為「……至少在那短暫的時刻裡，大家是愛我的。」

費雪兄弟研究的第三方面是檢視與好笑有關的心理特質，有些演員坦承他們對人與行為很好奇，他們會不斷觀察別人的

生活細節，直到發現一些小特質可以拿來當新的笑話或表演題材為止。費雪兄弟發現喜劇演員與社會科學家有很多相似處，他們認為這兩種人都時常注意人類行為的新鮮面，唯一的差異在於喜劇演員用這些觀察讓人發笑，社會科學家則是以這些觀察做為學術論文的基礎。我畢生都在研讀社會科學家的文獻，所以我想主張這種分法並無法清楚區隔這兩種人。

費雪兄弟也檢視喜劇與不安之間的關係，一般人看到墨漬時，通常會看到一個影像，然後才發現墨漬可能有不同的觀察方式。仔細分析喜劇演員從墨漬中看到的圖案後，費雪兄弟的結論是，他們的受試者常會把墨漬想像成「好的怪獸」，把有威脅感的圖案轉變成比較親切的感覺。「噴火龍」會變成被誤解的高貴角色，「骯髒的土狼」會變成可愛討喜的寵物。費雪兄弟認為這是喜劇演員與小丑在無意間想要以幽默感因應困境的證明。

很多人都曾經對喜劇根本上和憂傷與精神病有關的說法提出質疑，費雪兄弟並不是唯一的學者。佛羅里達國際大學的詹姆斯・羅頓（James Rotton）深入探討霍夫曼（Hoffman）的《過往娛樂名人》（*Entertainment Personalities of the Past*），了解知名喜劇演員的出生與死亡年份，並以同年出生的非喜劇藝人當對照組。（羅頓的報告只研究男性喜劇演員，因為他發現很多女性喜劇演員的年齡並不可靠，與其他傳記資料不符，這很可能是一種喜劇的時間心理學。）[24] 羅頓在名為〈幽默與長壽：搞笑演員較長壽？〉（*Trait Humor and Longevity: Do Comics Have the Last Laugh*？）的論文中說明研究的結果，他

主張喜劇演員和其他藝人的死亡年齡差不多。後續關於喜劇演員死因的研究（蒐集一九八〇到一九八九年間刊登在《時代》與《新聞週刊》上的演員訃聞）也顯示，他們並沒有比較常因心臟病、癌症、肺炎、意外或自殺而身亡。總之，沒有證據顯示每晚必須搞笑演出的明顯壓力會讓他們比較短命。

其他研究顯示，能夠笑看人生可以減少不安，羅頓的研究也呼應了這點。如果喜劇真的有影響，那麼就是有益健康。十三世紀的亨利・德・曼德維爾醫生（Henri de Mondeville）推測笑有助於病人康復，他寫道：「外科醫生應該禁止病人生氣、怨恨與難過，提醒病人歡樂可以讓人心寬體胖，哀傷讓人瘦骨如柴。」幾百年後，莎士比亞也呼應同樣的理念，他表示：「讓內心充滿歡笑與喜樂，可以遠離傷害，延年益壽。」

最近有一項研究也支持笑聲、因應壓力、身心健康之間的關係。該項研究顯示，會很自然地以幽默應付壓力的人，免疫系統比較健康，心臟病發與中風的機率也少40%，看牙時比較不會痛苦，壽命也比多數人多四年半。[25]

一九九〇年，研究人員發現觀賞比爾・寇斯比（Bill Cosby）的脫口秀錄影帶可增加唾液的免疫球蛋白A。免疫球蛋白A是避免上呼吸道感染的要角（受試者聆聽梅爾・布魯克斯〔Mel Brooks〕與卡爾・萊納〔Carl Reiner〕的經典《兩千歲的人》〔2000-Year-Old-Man〕時，這些優點明顯下降。）[26] 這不是唯一探討笑對身體有何影響的研究。二〇〇五年，馬里蘭大學的邁可・米勒（Michael Miller）與同事研究笑看世界與血管內壁的關係。血管擴張時，可促進血液循環，有益心血

管。他們讓受試者看可能讓他們感到不安（例如《搶救雷恩大兵》最初三十分鐘的劇情）或歡笑（《當哈利碰上莎莉》的「假高潮」戲）的電影。整體而言，受試者看完令人不安的電影後，血液循環降低35％，但看完幽默題材後則增加22％。根據研究的結果，研究人員建議大家每天至少笑十五分鐘。

羅頓也依循同樣的邏輯，檢視觀賞不同影片對整型外科病患的復原有何影響。[27] 他請一組病患從《香蕉》（*Bananas*）、《站在子彈上的男人》（*Naked Gun*）、《金牌製作人》（*The Producers*）等等喜劇片中挑選，但不讓另一組看任何可能讓他們微笑的影片，而是叫他們從《南海天堂》（*Brigadoon*）、《北非諜影》（*Casablanca*）、《第七號情報員》（*Dr. No*）等「嚴肅」片單中選片。研究人員秘密追蹤病患由自控式裝置中使用的止痛劑藥量。觀賞喜劇的人使用的藥量比觀賞嚴肅電影者少60％。在另一個有趣的實驗中，研究人員又找另一組病患，不讓他們任選喜劇片，而是叫他看別人幫他們挑的影片，這組使用的止痛劑比另外兩組都多，這證明觀賞讓你笑不出來的喜劇比什麼都還痛苦。

最後，有一群研究人員要求受試者立下模擬遺囑，開自己的死亡證明（包括估計的死亡日期與死因），寫自己的喪禮追悼文，[28] 研究人員發現喜歡笑看人生的人比較不覺得這有多難。在比較實際的情境中，也出現同樣的現象。輔導員訪問失去伴侶半年的人，發現能笑看生離死別的人比較能接受那個情境，繼續過日子。[29] 不過，就像笑話實驗室收到的一則笑話所說的，笑看生死也有可能出現太誇張的情況：

一名男子過世了，他的太太打電話到當地報社說：「我想刊登以下的訃聞：柏尼死了。」

報社員工楞了半晌後說：「其實刊登十個字的價格是一樣的。」

女士回答：「喔，好吧，那我刊登：柏尼死了，豐田汽車出售。」

聽過基本教義派的笑話嗎？

研究認為，基本教義派與幽默之間先天就無法相容。創造幽默與欣賞幽默需要抱著嬉鬧的心情，喜歡不協調感，忍受不確定性。幽默也常需要混合不相配、挑戰權威、明顯性愛話題的元素。

　　既然笑對身心有益，科學家探討哪些人能笑看人生、哪些人不行時，或許也就不足為奇了。其中比利時天主教魯汶大學的心理學家瓦希利·薩羅哥洛（Vassilis Saroglou）在這方面做的研究最有趣，他探討笑與宗教基本教義派之間的關係。

　　薩羅哥洛主張基本教義派與幽默之間先天就無法相容，[30] 創造幽默與欣賞幽默需要抱著嬉鬧的心情，喜歡不協調感（「魚缸裡有兩隻魚……」），忍受不確定性。幽默也常需要混合不相配、挑戰權威、明顯性愛話題的元素。此外，笑的動作也表示我們失控，失去自律。薩羅哥洛認為這些都是基本教義派所反對的。研究顯示，認同基本教義派的人通常會覺得嚴肅重於嬉鬧、確定重於不確定、理性重於荒謬、自制重於衝動、威信重於混亂、嚴格重於彈性。薩羅哥洛引述多種宗教文字，證明許多學者提過幽默與宗教之間存在很深的不信任，以支持他的論點。薩羅哥洛討論聖經的幽默例子時提到：

　　有人可能不解，耶穌為什麼不光說「哀哭的人有福了，因

為你們將要喜笑。」（路加福音6：21）就好，還要繼續補充「喜笑的人有禍了，因為你們將要哀慟哭泣。」（路加福音 6：25）

另外，修道院對牧師與孩童同樂的規定也提供額外證據：

如果弟兄願意和孩童一起歡笑同樂……他會被警告三次，如果不停止，他將會受到最嚴重的懲誡。

薩羅哥洛想實際驗證他的理論，所以做了一個罕見的實驗。[31] 他叫受試者填寫問卷，衡量他們信基本教義派及認同各種想法的程度，包括某套教義是否內含基本真理，惡勢力是否反對這些真理，他們會不會依循明確界定的歷史規範行事。另一方面，他也讓受試者看描繪不同沮喪情境的二十四張圖，請受試者寫下他們的因應方式。受試者看圖回答完後，就由研究人員評估受試者回應的幽默程度。例如，有一張圖是顯示某人在兩位朋友面前跌倒，其中一位朋友問：「你有沒有受傷？」普通的答法可能是「沒有，我還好」；回答「我不知道，我立場還不確定。」【譯註：Ground 的雙關語，有地面與立場兩個意思。】就是比較幽默的答法。研究結果正如薩羅哥洛的預期，他發現基本教義派與幽默之間有很強的關係，認同基本教義派的人所給的答案都比較嚴肅。

不過就像許多顯示兩種因素關係的研究一樣，兩者的因果關係有時很難區別。或許人們是因為缺乏幽默感才會認同基本

教義派的信念，也有可能是像薩羅哥洛假設的，是因為信奉基本教義派而讓人無法笑看人生。為了剖析這兩種可能，薩羅哥洛做了第二個實驗。[32]這次他把受試者分成三組，他讓其中兩組觀賞截然不同的電影片段，一組是看節錄自知名法國喜劇的好笑片段，另一組是觀賞宗教相關片段，包括到盧德朝聖的紀錄片、《蒙特婁耶穌》（Jesus of Montreal）的場景、記者與修道士針對精神價值所做的討論。第三組是不看任何影片的對照組。看完影片後，他們請受試者完成和第一個實驗一樣的看圖說話。結果看過幽默影片者所做的好笑回應是對照組的兩倍，看宗教影片者的好笑回應最少。這項實驗的巧妙設計幫薩羅哥洛區別相互關聯與因果關係，顯示接觸宗教題材真的會讓人減少使用幽默感排解日常紛擾的壓力。

幽默感與基本教義派之間的關係並沒有阻止大家貢獻許多和神有關的笑話到笑話實驗室。很多笑話是描述全能的上帝出人意表的不協調舉動。：

一位海難生還者被沖到小島上，有一群土著將他團團圍住。
「我完了。」他絕望地喊。
「不，你還沒。」天上傳來低沈的聲音：「聽好，照我的話做，抓住一根長矛，朝土著首領的心臟刺過去。」
那男子照著做以後，舉頭望著天空說：「現在呢？」
低沈的聲音回答：「現在你完了。」

羅賓・威廉斯、
史派克・米利根、「汪汪」笑話

一整年搜尋全世界最爆笑笑話的實驗就此結束，科學家真的找到世界上最好笑的笑話了嗎？事實上，這種笑話並不存在。

在一九三九年版的《紐約時報雜誌》（*New York Times Magazine*）中，加拿大幽默作家史蒂芬・利考克（Stephen Leacock）寫道：「聽一個國家的笑話，我就可以告訴你那國人是什麼樣子，他們如何相處，會發生什麼事。」笑話實驗室的資料讓我們可以用科學的觀點檢視各國幽默感的差異，以驗證利考克的論點，我們並非第一個探討這項議題的學者。

第一章中，我提過英國心理學家艾森克教授所做的星座與個性研究。二次大戰期間，艾森克對幽默心理學逐漸產生興趣，他對英、美、德國雜誌的漫畫進行一項特殊的調查。[33] 光是內容的取得就很麻煩，有一大批美國雜誌因為貨輪沈船而沈入大西洋，許多英國的資料因英國博物館遭到轟炸而摧毀，可以取得的德國雜誌又僅限於英德兩國陷入敵對狀態之前的出版品。雖然問題重重，艾森克還是堅持實驗，最後他設法從英國的《笨拙》（*Punch*）、美國的《紐約客》、德國的《柏林畫報》（*Berliner Illustrierte*）等不同雜誌中節錄七十五種漫畫。

接著艾森克把德國的漫畫譯成英文，讓英國人看這些漫畫，請大家先評估這些漫畫的好笑程度，結果發現這三國漫畫的好笑程度差不多。接著，他請受試者猜測每種漫畫源自哪一國，讓實驗者分析漫畫幽默度和受試者**認為的**漫畫國籍有什麼關係。大家認為來自德國的漫畫得分都比較低，深入分析更進一步證實大家對國籍的刻板印象，艾森克分析大家認為來自德國的漫畫時，他發現裡面有比較多的負面元素，包括胖女人、穿著糟糕的女孩、老式家具。

在第二部分的研究中，艾森克請英、美、德國的自願者（其實是因為戰火而逃離祖國的難民）評估同樣的笑話與打油詩。他的研究結果顯示，美國人覺得這些內容比較好笑，不過英、美、德國人覺得好笑的笑話類別差異不大。

笑話實驗室的資料也呼應艾森克的研究結果，不同國家的人對於笑話的好笑程度有很不同的看法，加拿大人最不容易發笑，這個結果有兩種解釋。由於這些笑話品質不怎麼好，我們可以說加拿大人有獨到的幽默感。相反的，他們可能就是沒什麼幽默感，所以不覺得這些笑話有趣。德國人覺得笑話的好笑程度比其他各國都高。非德國的報章雜誌刊登我們的研究結果時，幾乎每一家都質疑這個結果的真實性。一家英國報紙把德國人認為最好笑的笑話（「電視為什麼稱為媒體〔medium，譯註：另一意是五分熟〕？因為它不生、也沒全熟。」）講給倫敦德國大使館的發言人聽。據說他笑得太厲害，連話筒都掉了而結束通話。其他並沒有多大差異。整體而言，來自同一國家的人會普遍認為同一則笑話好笑或不好笑。喜劇演員與音樂家

維克多・保格（Victor Borge）曾說幽默是人與人之間最短的距離。如果他是對的，知道不同族群都對同樣的笑話發笑時，或許可以因此拉近彼此之間的距離。

我們的實驗快接近尾聲時，總共收到四萬則笑話及來自七十國逾三十五萬人的評比。這項史上最大的實驗讓我們因此贏得金氏世界記錄，還登上《紐約客》的封面報導。美國人選的最爆笑笑話是：

閱兵時，上校發現有異狀，他問少校：「貝瑞少校，瓊斯中士的小隊究竟發生什麼事？他們似乎都在抽動亂扭。」
「報告長官，」貝瑞少校觀察了一下說：「似乎有鼬鼠咬他的士兵（私處）。」

戴夫・貝瑞那招奏效了，成功讓美國人票選的最爆笑笑話和鼬鼠有關。還好他對非美國的選票比較沒有影響力。我們仔細篩選檔案庫，發現最好笑的笑話，共有55%的受試者認為它很好笑：

兩名獵人到森林裡，其中一人突然倒地不起，看起來已經沒有呼吸，兩眼翻白。另一人連忙找到電話，呼叫緊急救援，他喘著氣說：「我的朋友死了！我該怎麼辦？」接線生回答：「冷靜下來，我可以幫忙。首先，我們先確定他真的死了。」一陣沈寂，接著聽到一聲槍響。那位獵人又回來講電話：「好了，那現在呢？」

這個笑話不久前才打敗原本的冠軍笑話：福爾摩斯、華生與帳篷詭異消失的笑話。我們聯絡提供福爾摩斯笑話的安南達帕，告訴他這個壞消息，他欣然接受失敗，他搞笑地說：「我不敢相信我在最後一輪輸了！我原本可能贏的……我想重比一次，這次我要使出下流的手段，你聽過女演員與主教的笑話嗎？」

檔案庫的資料顯示，冠軍笑話是由英國曼徹斯特的精神科醫師葛帕・戈薩爾（Gurpal Gosall）貢獻的。我們聯絡葛帕，他說有時候他會對病人講那個笑話，讓他們的心情變好，他說：「……這個笑話讓大家覺得好過一點，因為這提醒他們世上總有人做比他們更蠢的事。」

BAAS和我在第三次，也是最後一次記者會中宣布我們的研究發現。我們最後一次租借大雞裝，請我的博士班學生穿上。

我們把冠軍笑話印在很大的橫幅上，向等候的媒體揭曉。媒體訪問當初幫《蒙提派森之飛行馬戲團》寫世界最爆笑笑話短劇的喜劇演員泰瑞・瓊斯（Terry Jones），請他發表看法。[34]他覺得那則笑話是很好笑，不過可能太明顯了。另一位記者訪問好萊塢明星羅賓・威廉斯的看法，威廉斯和瓊斯一樣，他也覺得這笑話還好，不過他又解釋全世界最爆笑的笑話可能很下流，不是你會對文雅的人所講的。

一整年搜尋全世界最爆笑笑話的實驗就此結束，我們真的設法找到了嗎？事實上，我認為這種笑話並不存在。如果我們對幽默所做的研究可以提供一點啟示，那個啟示就是：每個人的好笑定義各不相同。會讓女性發笑的笑話，男性可能覺得很蠢。老年人會對失憶與重聽的笑話發笑，無權者會譏笑當權

者，沒有一個笑話可以讓每個人都捧腹大笑，我們的大腦並不是那樣運作的。不過在很多方面，我想我們找到全世界最平淡無奇的笑話：那笑話讓大家微笑，但很少人會捧腹大笑。但是就像很多探索歷程一樣，過程本身比目的更重要。在實驗過程中，我們探討讓我們發笑的原因，笑如何讓人更長壽，幽默如何拉近各國的距離，我們也找到世界上最好笑的笑話動物。

大雞揭曉全球最爆笑的笑話

　　這項研究結束五年後，我接到神經科學家歐文的電話，他說他剛看了米利根的紀錄片，米利根是搞笑演員兼《暴徒》（Goons）的共同創作者。歐文說那節目裡有提到我們冠軍笑話的雛形。那部紀錄片名為《我跟你說我病了》（I Told You I Was Ill），是以米利根的墓誌銘命名，片中從一九五一年BBC

的《倫敦娛樂》（*London Entertains*）節錄一小段早期《暴徒》的短劇：

> **麥可．班汀尼（Michael Bentine）**：我一來，發現他躺在那邊的地毯上。
>
> **彼得．謝勒（Peter Sellers）**：喔，他死了嗎？
>
> **麥可．班汀尼**：我想是。
>
> **彼得．謝勒**：你最好確認一下。
>
> **麥可．班汀尼**：好吧，等一下。
>
> （兩聲槍響）
>
> **麥可．班汀尼**：他死了。

追蹤笑話的出處非常困難，通常年代久遠，來源已不可考。米利根於二○○二年過世，但是在紀錄片導演的協助下，我聯絡到他的女兒賽爾（Sile），她確認那內容很有可能是她父親寫的。於是我們宣布找到世界最爆笑笑話的作者了，笑話實驗室再度登上媒體頭條。

在後續的訪問中，幾位記者問我一個每次我提及笑話實驗室就常碰到的問題：那一年湧進的上萬則笑話中，我最喜歡哪一則？我每次的回答都一樣：

> 一隻狗走進電報局，拿了一張空白表格寫：「汪汪汪，汪汪，汪，汪汪汪。」
>
> 職員看了表格後，客氣地告訴那隻狗說：「這裡只有九個

字，再寫一個『汪』，價格也一樣。」

狗不解地看著他回答：「但是那樣就毫無意義了。」

我也不知道我為什麼會喜歡這則笑話，它就是能讓我發
笑。

第6章

罪人或聖人,何時伸出援手與何時蓄意阻撓?

自私心理學

一九三〇年代初期,史丹佛心理學家李查‧拉皮耶(Richard LaPiere)花了好幾個月和華人學生及學生的太太在美國西岸開車漫遊。[1]這對夫妻在中國土生土長,最近才遷居美國。對他們來說,拉皮耶是好心騰出時間帶他們到處參觀的親切教授。但事實上,他們是拉皮耶那趟旅行中秘密實驗的對象。

這對夫妻剛到大學報到時,拉皮耶突然想到一個實驗點子。他帶他們去鎮上的旅館,一九三〇年代華人在美國比較少見,美國人對他們常抱持明顯的偏見。拉皮耶說,他懷著恐懼的心情抵達旅館,因為那家旅館「對東方人一向很有偏見」。

拉皮耶和這兩人走向櫃臺,緊張地問還有沒有空房間。結果拉皮

chapter 1

chapter 2

chapter 3

chapter 4

chapter 5

chapter 6

為什麼要以假的腿部支架評估全球各地的行善意願？

**如何在全美各地隨意丟下信封，證明天主教徒是不是
比較樂於行善？**

建立關愛社群所用的秘密心理以及茶匙消失之謎。

耶意外發現，櫃臺人員並沒有展露他們慣有的偏見，馬上幫他們找了合適的房間。拉皮耶對於飯店傳聞和他實際體驗到的落差感到好奇，後來他打電話到飯店詢問他們有沒有房間可以提供給一位「重要的中國客人」，飯店確切地告訴他，他們不提供住房服務。

大家**說**的是一套，**做**的又是另一套，這樣的差異讓拉皮耶很驚

訝。後來他想，他在飯店碰到的經驗可能只是特例。為了探討這個議題，他必須和更多的飯店與餐廳重複經歷同樣的情境，這時他想到他可以帶這兩位華人開車同遊美國各地，進行實驗之旅。

這趟旅程總計開了一萬英里，造訪了六十六家旅館與一百八十四家餐廳。在每家旅館與餐廳中，拉皮耶都叫學生去詢問能不能在當地

住宿或用餐，並私下記錄他們的詢問是否獲准。他最初的研究結果和他一開始的經歷一樣，兩位華人在每個地方幾乎都獲得親切的服務，所以拉皮耶推斷：

……基於金錢理由，最擔心白人客戶會反感的美國人，其實「態度」上一點也不歧視華人。

半年後，拉皮耶進行第二部分的實驗。他寄問卷給他們造訪過的每家旅館與餐廳，問他們：「你們願意接待華人嗎？」為了隱藏研究的確切目的，這只是許多問題中的一題，其他問題是詢問他們是否歡迎德國人、法國人、亞美尼亞人與猶太人。研究結果看起來令人寒心，九成回覆者勾選「不歡迎華人」，剩下的10％幾乎都是勾「不確定」。拉皮耶只收到一個勾「歡迎」的店家，這是幾個月前拉皮耶和學生造訪的某家旅館，業主在問卷上加了簡短的附註，她表示她之所以歡迎華人，是因為最近剛接待過一對華人夫婦，感覺印象很好。

在拉皮耶的研究中，大家說他們的舉止會依循當時社會的常態準則，但實際行為又截然不同。在最近的實驗中，研究人員發現許多證據顯示相同的現象，很多人宣稱自己沒有種族歧視（符合現代社會常態），但實際行為卻充滿偏見。

這一切現象衍生出一個簡單的結論：要求大家評估自己有多好時，除了得到欺騙他們自己與他人的觀點以外，不太可能得出真實的看法。由於大家不願意或無法正確透露自己是好是壞，許多對這些主題有興趣的人都是依循拉皮耶的方式實驗。他們不叫大家勾選「聖人」或「罪人」的選項，而是脫下實驗外衣，以常人打扮到真實世界中進行秘密研究。

6-1

消失的手套、公事包、女貨車駕駛

科學家發現有趣的事實：高達75％的人沒有更改公事包密碼鎖的原廠設定；人們遺失的左手手套是右手手套的三倍；調查在超市取巧違規利用快速結帳櫃檯的消費者，竟然多數都是女性貨車駕駛。

　　紐約市立大學的約翰・淳考斯教授（John Trinkaus）過去二十五年的學術生涯，都是以科學方式觀察一般人如何過日常生活。他已發表近百篇的學術論文，題材極其廣泛。他到每個車站觀察男性與女性穿的運動鞋顏色（79％的男性運動鞋是白色，女性運動鞋只有34％是白色），[2] 計算氣象預報員宣稱他們**預報**準確及**實際**準確的次數（宣稱預報正確的次數中，只有49％真的準確），[3] 到市內貧民區記錄反戴鴨舌帽的人數（每年減少10％），[4] 計算電視談話節目的受訪者以「yes」回答問題的次數，藉此觀察肯定回覆的用語趨勢（在419題中，有53次答「yes」、117次答「exactly」〔沒錯〕、249次答「absolutely」〔正是如此〕）。[5]

　　淳考斯針對運動鞋、氣象預報、鴨舌帽的戴法、「yes」的使用所做的研究並沒有明顯的寓意，不過他的其他研究則有一些重要的意涵，尤其在探究人性驚人的可預測性方面。[6]

淳考斯請好幾百位學生從10到50之間挑一個奇數，結果大部分的人都選37。他請大家從50到100之間挑一個偶數，結果多數人都挑68。於是淳考斯把這個研究拿到真實世界中實驗，請一百位公事包有號碼鎖的人告訴他開鎖的組合號碼，[7]他發現75％的人都沒改變公事包的出廠預設值，用0-0-0就可以打開。（物理學家理查·費曼〔Richard Feynman〕在著作《別鬧了，費曼先生》〔Surely You're Joking, Mr Feynman〕[8]中提到，他在洛斯阿拉莫斯的美國軍事基地研發原子彈時，也是用同樣的可預測性讀取極機密的文件。有一次他用物理學家可能用的多種組合號碼試圖開啟同事的保險箱，結果順利開啟的號碼是根據數學常數e=2.71828所設的27-18-28。又有一次費曼發現沒人更改基地最大保險箱的出廠預設值，連技巧不純熟的小偷都可以在幾分鐘內開啟。）

　　我最喜歡的淳考斯研究是收錄在他鮮為人知的論文〈淺談消失的個人「物品」手套〉（Gloves as vanishing personal "stuff"：An informal look）[9]之中。淳考斯在文中一開始提到他的襪子、雨傘、手套的其中一隻等個人物品常無故消失，他說他已經向小販買好幾支便宜的雨傘，解決了丟傘的問題（他發現雨天的傘價比晴天多50％），但他不願用同樣的方法解決手套的問題。為了找出手套消失之謎，淳考斯追蹤十年間遺失的手套，仔細觀察消失的那隻是左手還是右手，結果發現遺失的左手手套是右手手套的三倍。這讓他懷疑自己可能是先脫除右手套，放入口袋裡，然後再脫除左手套，擠放在右手套的上面。左手套因為接近口袋邊緣，比較可能在行進間掉出來。

　　淳考斯對消失手套的研究激發其他研究人員探討類似的議題。二〇〇五年，墨爾本麥克法蘭伯納特醫學研究機構的梅根‧林（Megan Lim）、瑪格利特‧亥勒（Margaret Hellard）、康寶‧艾肯（Campbell Aitken）以實驗探究公共廚房的茶匙經常消失的原因（他們在科學論文中以由來已久的問題【譯註：道格拉斯‧亞當斯〔Douglas Adams〕在《歐洲便車指南》中解釋，茶匙可能是悄然移居到外太空的茶匙星球】當成論文主題：〈該死的茶匙都到哪去了？〉〔Where have all the bloody teaspoons gone？〕）。[10] 研究團隊在七十支茶匙上做了暗號，把這些茶匙放在研究中心的八個公共廚房中，追蹤五個月的茶匙動態。這段期間消失的茶匙有80％，其中一半是在前八十一天就消失了。另一份問卷資料顯示，36％的人坦承一輩子至少偷過一隻茶匙，18％坦承過去一年偷過。後者的資訊顯示，茶匙不是無端消失到異次元，而是有另一種比較實際的解釋：被偷了。研究人員也表示，機構裡消失的茶匙比例，乘上墨爾本整個勞動人口，表示每年光是墨爾本就遺失一千八百萬支茶匙。把這些茶匙全部排成一列，可以環繞莫三比克的海岸線。其他研究人員也開始在世界各地複製「消失茶匙」的研究，法國學者最近也做了一次研究，發現某家大型餐廳在半年內就丟了一千八百支茶匙。[11]

　　偷竊茶匙的研究讓我們聯想到淳考斯對不誠實與反社會行為的探究，本章稍後我們會看到，很多對這類行為感興趣的研究人員是探究比較嚴重的偷竊行為或自私議題。淳考斯設計了一種獨特的研究方式，鎖定較小規模的違規行為，例如有人買

十幾樣東西卻走超市的快速結帳櫃台結帳，或是把車停在限停區裡。他的研究顯示這些情況的發生有多頻繁、從這些資料如何看出社會道德的日漸低落，以及這些行為與女性貨車駕駛之間的關係。

一九九三年，淳考斯和研究團隊造訪美國東北部一家大型超市，暗中觀察七十五個不同情況下的顧客行徑，每個情境各持續十五分鐘。[12]他們小心計算有多少人拿十件以上的商品到「十件以下」的櫃台結帳。為了確定研究的科學有效性，他們連續幾週在不同時段觀察顧客，記錄超市開放兩個以上的結帳櫃臺時顧客的行為（這樣顧客就可以選擇透過正確的櫃臺結帳）。研究結果顯示，走快速結帳櫃台的顧客中有85％違規，籃子內的商品不止十件。二〇〇二年，淳考斯在同一間超市重複進行同一個實驗，發現不老實的顧客比例增至93％。[13]以這樣的變化速度估計，到二〇一一年，走快速結帳櫃台的人都將買十件以上的商品。

淳考斯也發現他做完一九九三年的研究之後，出現另一種新的投機取巧行為。有些走快速結帳櫃台的顧客會把商品分成十件一組，放在輸送帶上結帳，然後告訴結帳員工他們要分開結每一堆物品。有一位顧客就是用這種取巧的方式，走快速結帳櫃台結清二十九件商品。淳考斯發現這種新的投機取巧行為時，他覺得或許可以藉此找出哪種人最可能違反社會規範。於是他請研究團隊的人尾隨這些人到超市的停車場，記下他們的性別與車型，結果顯示：有八成的犯規者是女性貨車駕駛。

淳考斯並不是第一次發現女性貨車駕駛特別可能違規。

一九九九年，他計算學校附近超速駕駛的人數並加以分類，他發現96％的女性貨車駕駛會超速，男性貨車駕駛超速的比例是86％。[14] 同年，他也計算在T字路口停車再開號誌前沒有完全停車的駕駛人數，[15] 結果有94％的駕駛沒有遵守號誌指示，女性貨車駕駛違規的比例高達99％。二〇〇一年，他花了三十二小時記錄兩百件駕駛闖入行人專用路口的案例，其中40％也是女性貨車駕駛。[16] 一年後，他計算購物中心裡把車子停在消防限停區的件數，[17] 女性貨車駕駛還是最不守規矩的一群，佔違規者的35％。

淳考斯為這些數據提出兩種解釋。第一，他推測「女性貨車駕駛無意間把職場流行的授權概念延伸到日常生活中。」女性仍在適應社會中新發現的權力，無意間可能想要超越男性以往的行為，例如超速、在限停區停車、忽視交通號誌等等。另一方面，淳考斯指出，這些駕駛可能是社會道德淪喪的先驅，她們就像未來的預兆。

測驗一個國家的誠實度

想像你走到銀行的提款機，正要插卡，機器卻突然吐出十英鎊的鈔票，你會拿錢走人，還是還給銀行？

　　一九九七年，《美國新聞與世界報導》（U.S. News and World Report）做了一份民調，問美國人覺得誰「有可能」上天堂。[18]柯林頓的票數還不差，有52％的受訪者認為他或許可以上天堂。黛安娜王妃的票數比他高一些，有60％的人認為她可以上天堂。排名第二的是泰瑞莎修女，她獲得79％的認同。但是誰高居冠軍，贏得87％的認可？多數人認為**自己**名列上天堂的優先名單。我們真的活在多數人都可能是聖人的社群與國度裡嗎？

　　幾年前，電視節目《行動世界》（World In Action）請我幫忙設計幾個檢視全國誠實的測試，我們不像淳考斯一樣觀察小型違規事件，而是鎖定嚴重的自私行為。很多測驗是在最尋常的地方進行，多數受試者至今仍不知道他們參與過科學研究。

　　想像你走到銀行的提款機，正要插卡，機器卻突然吐出十英鎊的鈔票，你會拿錢走人，還是還給銀行？

　　第一個實驗的設計是想了解隨機挑選的受試者對這種情況的反應。節目製作單位獲得特殊許可，掌控某全球知名英國銀

行的提款機一天。他們請工程師移開正常的提款機，改換成只要有人站在機器前方就會吐出十英鎊的裝置。第一位不知情的顧客走到機器前面時，機器就吐出一張十英鎊的鈔票。攝影機在暗中錄下她的一舉一動，這名女子相當誠實，她馬上把鈔票拿到銀行櫃臺，交給困惑的行員，並向他解釋情況。但是這樣的誠實舉動是少數的例外，而非常態。有三分之二的人會收下鈔票，還有人會一再回到提款機多拿幾次，我們碰到最貪心的受試者總共回去二十次。

為什麼會有那麼多人理所當然拿走不屬於他們的錢？或許使用提款機實驗扭曲了資料，大家可能覺得收下機器給的錢是一回事，拿走別人的錢又是另一回事。有些人認為他們拿的錢是銀行的，或許不知情的受試者認為提款機吐出來的錢是銀行自己出錯，讓他們可以由平常從他們身上賺錢的銀行扳回一城。

為了驗證這些想法，節目製作單位又做了第二個實驗，這一次是由另一個人給錢，而不是機器，場景也從自助式銀行改成親切友善的商店。

想像你到店裡買雜誌，付五英鎊的鈔票，結果意外發現店員找你十英鎊，你會誠實退還嗎？

為了探討大眾在這種情境下的誠實度，節目製作單位與英國北方的全國性雜誌販售連鎖店合作，把店家變成一日實驗室。在研究的第一部份，他們指示店員多找零錢。有人付五英鎊鈔票，就找他十英鎊。有人付十英鎊鈔票，就找他二十英鎊。第一位不知情的顧客上門時，大家都等著看他會不會坦承

他拿到意外之財。結果每個人都拿了錢就走，很多人離開商店時還露出狡猾的微笑。

就像所有的研究一樣，我們也必須排除一些可能用來詮釋結果的其他方式。或許大家不是不誠實，而是因為他們沒注意到自己多拿了零錢（雖然他們在笑）。後來我們又重做一次實驗，但這次是請店員大聲數出零錢有多少。第二組顧客上門時，店員仔細把多出的零錢點交到顧客手中，付五英鎊的人，點收了十英鎊。付十英鎊的人，點收了二十英鎊。所有的顧客還是不發一語全部收下。

為了進一步強調錯誤，在實驗的倒數第二部分時，研究人員請店員把多找的零錢點收到顧客手中，露出有點困惑的表情，並詢問顧客剛剛是給多少元的紙鈔。這次大家應該會坦承錯誤了吧？結果幾乎沒人實話實說。有趣的是，顧客通常不會直接說謊，而是先檢查店員是不是真的不知道他們是付十元或二十元紙鈔（「你不會看一下收銀機裡收了多少？」），然後再趁機佔便宜。只有一個人指出店員的錯誤。後來那人接受訪問時表示，他是基督徒，如果收下那些錢，耶穌會不高興。研究團隊再怎麼測試，都無法想出辦法驗證他的理論。

在實驗的最後一部份中，一位研究人員站在店家門外，佯裝成市調員。有人收太多零錢走出店門口時，就問他一些和誠實有關的問題。他們認為記者誠實嗎？英國女王誠實嗎？最後是最重要的問題：「如果店家多找你零錢，你會誠實歸還嗎？」在最後一題出現以前，大家都迅速清楚地答覆：他們不相信記者，他們覺得女王是誠實的，但回答到最後一題時卻突

然支吾其詞,雖然他們才剛做出問題中的不誠實行為而已。他們提出比較長也比較模糊的回答:「我不記得上次是什麼時候發生的」、「我通常不看找回多少零錢」、「我不太數零錢有多少」。所以大家在匿名調查中也無法誠實面對。

這些發現顯現出有趣、但也令人沮喪的人性觀點,不道德的行為在現代英國社會中普遍存在,雖然多數人宣稱自己是正派公民,但是一時湊巧時,多數人還是不誠實。

不過,情況並不是那麼絕望。研究的第三部分亦即最後一部份顯示,談到自私或無私時,微妙的小差異也會帶來很大的不同。研究人員重複做一次雜誌店的第一階段實驗,不過這次不用大型連鎖雜誌店,而是使用街角小店。研究人員也是要求店主多找顧客零錢:顧客付五英鎊就找他十英鎊,付他十英鎊就找二十英鎊。這次的結果很不一樣,之前每個人都是默默收下多餘的零錢,這次有一半的人馬上還老闆多出的錢。大家似乎覺得拿大公司的錢無所謂,拿小店的錢卻不太妥當。事後訪問受試者時,很多誠實的顧客表示,從和自己差不多的人身上侵佔金錢就是不對的。他們的說法支持一種影響我們施與受的關鍵理論:這一切都和相似律(psychology of similarity law)有關。

尼克森、按喇叭、俄羅斯魔僧

> 科學研究發現,當需要幫助的人和自己年齡相仿、背景相似、品味相同時,大家最願意伸出援手;檔在十字路口的汽車,後面的車主會因為前車車主的國籍而有不同的反應;如果知道殺人魔的生日與自己同一天,受試者會覺得殺人魔沒有那樣可惡。

　　尼克森在不經意下為心理學做了不少貢獻。一九六○年,他參與史上第一次電視轉播的總統辯論。收音機的聽眾認為尼克森贏了,但電視觀眾卻覺得甘迺迪贏了。為什麼?尼克森事前拒絕上妝,他辯論時看起來滿頭大汗又不安。研究人員發現電視觀眾注意的是他們看到什麼,而非聽到什麼,所以收音機的聽眾會有相反的觀點。[19]另外,還有出名的「尼克森效應」,[20]水門案醜聞後,尼克森發表辭職演說,他看似冷靜鎮定,但研究人員分析他的表情時,發現他眨眼速度很快(比每分鐘五十次快),顯示他極度不安。後來大家研究八次電視總統辯論的眨眼率,發現其中七次眨眼比較頻繁的人都輸了總統選戰。[21]

　　尼克森擔任總統期間,他也對行善心理的研究有很大的幫助。他對越南的立場使當時掀起好幾場當代最大的和平示威活動。一九七一年四月,二十多萬抗議者聚集到華府展開大規模的抗爭。媒體把焦點放在抗爭對國際政策的可能影響,但紐澤

西羅格斯大學的心理學家彼得・蘇菲德（Peter Suedfield）與同事覺得這是秘密探究相似律與行善議題的大好機會。[22]

幾個月前，研究人員先請某位演員把頭髮留長及蓄鬍。抗議開始時，他們就給他一個「推翻尼克森」的牌子，全身上下都是嬉皮裝扮。一位女性實驗者帶著演員進入人群，預定的時刻一到，演員就突然坐到地上，雙手抱頭假裝身體不舒服。接著實驗者就走向不知情的真正抗議者，開始說出熟練的台詞。

一開始她問抗議者能不能幫助那位身體不舒服的朋友。如果他們願意，她就問他們願不願意幫她把朋友移開人群。如果他們答應，她就請他們把那位朋友送到最近的急救站。抗議者如果照著要求做，演員就請抗議者送他回七英里外的家中休息。最後，實驗者還叫願意送演員回家的抗議者幫忙出公車錢。這時，原本裝病的演員突然身體好了，並向抗議者道謝，告訴他們不必再幫他了。

為了探索伸出援手與相似律之間的關係，實驗者在另一個不同情境下又重複做一次實驗。這一次，他們給演員「支持尼克森」的牌子，請他把頭髮剪了，鬍子剃了，不穿嬉皮裝，改換保守裝扮（運動衫、長褲與休閒鞋），唯一沒變的是台詞，實驗者與演員又做出和之前一樣的要求。

兩種情況得出截然不同的結果。演員看起來像主張和平的抗議者時，其他抗議者就像善心人士一樣，很多人伸出援手，願意幫演員出公車錢回家，甚至自願開車載他回去。那些沒錢也沒車的抗議者也願意陪演員走七英里的路回家。當演員梳洗乾淨、不做嬉皮打扮時，原本和善的抗議者則變得不願幫忙。

需要援助的理由一樣，但演員現在變成「敵對」的一員。

　　這項研究顯示一個簡單但強大的概念，我們會幫助和我們相似的人。數十年來，研究人員找身上灑滿番茄醬的學生躺在路上尋求協助，這類實驗也一再收到同樣的結果。當需要幫助的人和自己年齡相仿、背景相似、品味相同時，大家最願意伸出援手。從演化觀點來看，這完全合理。看起來及行為舉止和我們相似的人比較可能在基因上與我們相關，或是來自相同部落，所以看起來比較值得我們展現善意。

　　探討這類相似律的實驗中，我最喜歡的是牛津大學教授約瑟夫・弗卡斯（Joseph Forgas）所做的研究，他檢視歐洲各國駕駛人按汽車喇叭的方式。[23] 弗卡斯的構想結合許多搞怪點子的三要素：巧妙、簡單、有點怪。他請一男一女開著灰色的福斯金龜車遊德國、法國、西班牙、義大利。他們開車穿越許多規模相似的城鎮，盡量在亮紅燈時排在所有車輛前面。等綠燈亮起時，他們就是停著不開，故意激怒後面的駕駛。其實，他們是為了仔細記錄後方駕駛按喇叭的方式，包括他們等多久才按第一聲喇叭、按喇叭的長度等等。這是很危險的實驗，幾年前也有一項類似的實驗，有些後方的駕駛因為過於不滿，乾脆猛撞實驗者的座車。[24] 不過弗卡斯和他的同事都活下來說明研究結果了，更重要的是，他們做了資料分析。

　　研究結果顯示，義大利人最沒耐心，平均五秒後就按喇叭。接著是西班牙人，六秒後按喇叭。法國人是七秒，德國人最有耐心，七・五秒後才按喇叭。

　　在這部分的研究中，實驗者積極確保後方駕駛不受前方駕

駛的國籍所影響，所以金龜車會印有明顯的奧地利國徽。研究人員認為，這種做法「多多少少可以符合一般『外國』車的要求，給人中立國家的印象」。在第二階段的實驗中，研究團隊偷偷把奧地利國徽換成德國國徽，重複做一次實驗。這一次義大利、西班牙、法國人都比較快按喇叭，義大利人等三秒就按了，西班牙與法國人等四秒後開始按。但德國人不同，他們反而延到八秒才按。像國徽那麼簡單的因素也會引起相似感或相異感，對駕駛按喇叭的時間產生很大的影響。

這不是唯一一個利用保險桿貼紙顯示相似律在生活中扮演要角的研究。

一九六九年夏天，美國警方與黑人民權組織「黑豹黨」之間爆發好幾場流血衝突。法蘭西斯・何森斯坦（Frances Heussenstamm）當時在加州州立大學教心理學，許多黑人學生提到他們收了很多交通罰單。何森斯坦注意到這些學生的汽車保險桿上都有支持黑豹黨的聲明，他想知道這些罰單究竟是警察的偏見或是違規開車的結果。[25]

為此，何森斯坦找來四十五位開車記錄優良的學生參與一項特別的實驗，他請他們在車子貼上支持黑豹黨的保險桿貼紙，所有受試者都簽署聲明，表示他們不會刻意做任何事引起警方注意。他們的車也都經過仔細的檢查，可以安全上路。此外，每天早上學生都會宣示他們要安全開車。實驗開始兩小時，就有一位受試者收到「不當切換車道」的罰單。隔天，又有五位受試者收到小違規的罰單，例如「尾隨前方車輛太近」、「開太慢」。受試者收到罰單後親自去繳納罰款，結果

有一人開車去繳罰款時又收到第二張罰單。三週內整群學生就收到三十三張罰單,實驗被迫中止,因為何森斯坦已經沒錢付罰款了。何森斯坦表示,當他宣布研究結束時,「剩下的受試者都鬆了一口氣,馬上移除保險桿上的貼紙。」雖然研究的設計並不完善(何森斯坦建議未來的研究應該要有第二組受試者,保險桿上貼著「美國:要愛就愛,不愛就滾」),但研究結果顯示,連保險桿貼紙那麼簡單的東西也會大幅影響大家的助人意念或阻撓意圖,即使他們的職責必須公正無私。

加州聖塔克拉拉大學的傑瑞.伯格(Jerry Burger)與同事想知道大家依循相似律原則行事時,會不會有太離譜的情況。例如,他們會不會因為彼此都擁有毫無意義的象徵(比如生日同一天)而幫助陌生人。

伯格與研究團隊以星座實驗為由,邀請自願受試者到他的實驗室。[26]實驗者介紹自願者認識第二位受試者(其實是演員佯裝的),給他們一人一份表格。表格正面問了許多個人資料,包括姓名與生日。在一半情況中,真的受試者填完生日時,演員會偷偷注意他填的日期,也在自己的表格上填入相同的生日。在另一半情況中,演員是填不同的日期。

接著實驗者請兩位受試者大聲說出生日,以確定他們獲得正確的星座解盤。有一半受試者會意外發現兩人竟然生日相同!(另一半受試者當然會發現兩人生日不同)。受試者與演員評估他們各自的星座解盤準確度,然後就離開實驗室,受試者以為實驗結束了。事實上,重頭戲正要開始而已。

兩人穿過走廊時,演員從袋子中取出四頁文章,問受試者

介不介意仔細閱讀一遍，並針對文中的論點是否有說服力寫一篇評論。相信兩人生日同一天的受試者會比較願意幫忙嗎？有三分之一認為自己和演員生日不同天的人同意幫忙，至於意外發現兩人生日恰好相同的那一組，有近三分之二的人同意幫忙。光是認為兩人生日相同就足以說服人撥出大量寶貴的時間幫助陌生人。

亞利桑納州立大學的芬奇教授（Finch）與齊歐迪尼教授（Cialdini）甚至證明相同的效果也會讓人忽視別人的犯罪與過失。[27] 在他們的研究中，他們讓受試者閱讀「俄羅斯魔僧」拉斯普京（Rasputin）的小傳，文中描述他犯下的恐怖罪行，接著再請受試者評估他們覺得拉斯普京是好人的程度。在受試者不知情下，實驗者先取得受試者的生日，把一半受試者看到的拉斯普京生日改成他們的生日。受試者發現自己和魔僧的生日相同時，他們會忽視他的罪行與邪惡行徑，覺得他比較討喜。

湯姆・戴斯蒙、
捐獻箱、醫療中心

科學家與電視台編劇合作，替電視台的熱門影集編寫了兩
種完全不同的劇情結局，在全國分區播放。看到劇情內有
犯罪情節的觀眾，他們的犯罪率會因此提高嗎？

　　第三章中提過米爾格蘭探討「世界真正小」的創新實驗可
以解釋我們為什麼時常碰到朋友的朋友。米爾格蘭沒做傳包裹
等大型實驗時，也做很多研究探討利社會（pro-social）與反社
會（anti-social）的行為心理。[28]一九六〇年代末期，他把焦點
放到當時最熱門的一大問題：當我們傷害或幫助他人時，我們
的行為受電視影響的程度有多大？簡單地說，我們觀賞的電視
節目塑造我們生存的社會嗎？

　　一些探究電視暴力內容的調查顯示這類研究的重要。
一九七一年，研究人員發現黃金時段的電視節目每小時播放八
次暴力內容。幾年後，另一項調查顯示，兒童電視節目中暴力
充斥。71%的節目中至少包含一個暴力舉動。[29]這種情況並未改
變，最近我們的調查估計，孩童小學畢業時，他們平均已經在
電視上看過八千起殺人案及十萬次以上的其他暴力行為。[30]

　　以前這主題的相關研究通常規模較小，在實驗室裡進行，
讓小孩看暴力卡通，然後仔細算他們揍身後大型充氣娃娃的次

數。米爾格蘭決定做大規模的實際探究，檢視電視對全美的可能影響。

米爾格蘭在CBS電視公司的高額贊助下，說服電視編劇為熱門黃金時段的連續劇《醫療中心》（*Medical Center*）的某一集編寫不同的結局。（原本米爾格蘭考慮使用《虎膽妙算》（*Mission Impossible*）但後來放棄，因為他說：「這齣戲固定都有很多暴力內容，相較之下我們的實驗看起來微不足道。」）那一集裡，醫務兵湯姆‧戴斯蒙失業，無法照顧生病的妻子與孩子。其中一種結局是戴斯蒙撬破好幾個捐獻箱，偷取裡面的獻金，**沒被警方逮到**。在另一種版本的結局中，他偷錢但是**被逮了**。實驗人員也加拍一集「浪漫、感傷、毫無暴力或反社會行為」的「中立」內容做為對照組。米爾格蘭延攬和好萊塢明星貝蒂‧戴維斯（Bette Davis）與伊洛‧弗林（Errol Flynn）拍過多部賣座電影的知名電影導演文森‧沙曼（Vincent Sherman）幫他拍不同版本的內容。

一九七一年四月，CBS在不同時間播出這三集，米爾格蘭精心設計一套巧妙的方式衡量不同節目對觀眾行為的影響。在節目播送之前，他寄信給紐約市與聖路易斯的數千位民眾，通知他們已被選中參與一項市調，請他們在特定時間觀賞某一集的《醫療中心》。然後再請他們完成一份和劇中人物與廣告內容有關的簡單問卷。他們告訴受試者，節目播送後寄回問卷即可獲贈一台新的收音機，可以直接去市區的「禮品配送中心」領取。

「禮品配送中心」其實是充滿演員的冒牌倉庫，裡面暗中

裝了好幾台攝影機。觀眾抵達時，他們走進空盪的辦公室，會看到以下的告示：

> 我們已無收音機可供換領，
> 這間配送中心將關閉至另行通知為止。

缺乏收音機，再加上唐突的告示，是為了引發受試者的不悅。那個房間的牆邊也放了一個捐獻箱，裡面獻金已經滿出來了，對於意圖不良者是個很大的誘惑。實驗者甚至刻意讓一張一元紙鈔懸掛在捐獻箱邊，誘惑受試者扳開箱子。這個聰明的設計讓米爾格蘭可以觀察看過戴斯蒙偷錢的觀眾是不是比較可能犯罪。過了一會兒，受試者想要轉身離開那棟建築，卻發現他們剛剛進來的門已經上鎖，必須循著連串的出口指示出去。那些指示引導受試者走到另一個小房間，裡面的職員會向受試者解釋**其實還有**收音機，並把收音機送給他們。

有近一千名觀眾到配送中心換取收音機。在紐約市，CBS是播放內容中立的那集及戴斯蒙偷錢並被警方逮捕的那集。**看中立內容**的觀眾中，有9％拿走懸掛的一元鈔票或打破捐獻箱。看到戴斯蒙偷錢並因此受罰會增加偷竊的可能嗎？事實上，這似乎讓人變得稍微誠實一點，因為只有4％的人拿走一元鈔票或打破箱子。在聖路易斯，CBS播放內容中立的那集及戴斯蒙偷錢沒受懲罰的那集。看中立內容的觀眾中，只有2％的人不誠實。看到戴斯蒙偷錢卻沒被抓到的人中，有3％的人不誠實。

　　米爾格蘭擔心，大家看節目和去禮品配送中心的時間拖得比較長，可能因此稀釋了研究效果，所以他又重做實驗，剔除中間的時間延宕。在新的研究中，他們給紐約時代廣場地區的人「搶先看彩色電視版的免費票」。他們把接受免費票的觀眾帶到附近的建築內，裡面只有一台電視機、一張椅子與捐獻箱。他們讓受試者獨自一人觀賞《醫療中心》的特別篇，然後暗中觀察他們會不會從捐獻箱中拿錢。結果實驗並不成功，接收免費票的人大多有酒癮、毒癮或是流浪漢（有幾位還問他們可不可以在實驗室裡睡覺）。後續出現的反社會行為還包括受試者隨地小便、威脅工作人員，迫使實驗不得不提早結束。據我所知，這是唯一一個檢視反社會行為的心理、卻因反社會行為而中止的實驗。

　　米爾格蘭斥資精心策劃的廣泛研究顯示，電視對大眾行為影響不大。這些研究發現引起一些爭議，有些人表示這是反對立法規範電視節目的決定性證據，有些人批評他的研究方法，主張應該要有節目檢查制度。

　　這個大規模的電視實驗不是米爾格蘭唯一一次探討反社會與利社會行為。他的另一個貢獻影響力更大，至今全球各地的心理學家仍使用他設計的那種研究方式。那個點子本身很簡單，和不經意在街上丟信封的舉動有關。[31]

丟信封與納粹黨友

科學家故意將印有不同收件人頭銜的信封丟棄街頭，結果發現因為頭銜的不同，路人發揮善心將信封投入郵筒的比例也大不相同。這個技法巧妙發現大眾對某議題的實際想法，不用依賴不可靠的調查與民意測驗。

一九六三年，米爾格蘭和研究助理暗中在康乃迪克州紐哈芬市的十個地區走動，把三百多個信封丟進電話亭、丟在人行道上、丟進店裡。信封上住址的第一行寫著「納粹黨友」、「共產黨友」或「醫學研究協會」，其他行的地址都一樣，都是康乃迪克州的郵政信箱。米爾格蘭認為大家有點支持信封上列出的單位時，比較可能撿起信封投入郵筒。米爾格蘭猜的沒錯，上面寫醫學研究協會的信封中，有70％都被寄回了，上面寫納粹黨友或共產黨友的信封只有25％寄回。

這項研究顯示，研究人員可以利用這個簡單的技巧，在不必問任何問題下衡量大眾的看法，巧妙發現大眾對某議題的實際想法，不用依賴不可靠的調查與民意測驗。

不過這種技巧也不是毫無問題，米爾格蘭擔心散發那麼多和共產黨與納粹黨有關的信封可能會引起大眾與警方的疑慮。為了避免引起不必要的注意，他在研究前先聯絡聯邦調查局，告知這項研究，結果並沒有用。米爾格蘭實驗完後打電話回報，調查局幹員說他們不記得接過米爾格蘭的報備電話，暗示

他有大批幹員正在處理這個案件。聯邦調查局不是唯一的問題，米爾格蘭也提到研究人員也抱怨，為了好好分散信封的落點，他們需要走很長的路，雙腿酸痛不已。更糟的是，有些好心的路人看到信封掉了，常會馬上撿起來交還給實驗者。

不過，由於這項實驗技巧看起來很有潛力，為了克服上述問題，米爾格蘭設計與測試了多種辦法。例如，他試著一邊開車一邊散發信封，為了避免引人側目，這必須在夜間進行，結果常導致信封正面朝下，落在不適當的地方。米爾格蘭不死心，又租了一架飛機，在麻州伍斯特市撒下好幾百個信封。很多信封都卡在樹上或落在屋頂上。更糟的是，有些信封還飄進飛機副翼，危及飛行員與研究人員的安全。

雖然遭到這些挫折，米爾格蘭還是把丟信封的方式套用到其他研究中。例如，他衡量北卡羅來納州白人或黑人居多的鄰里內種族偏見的程度。在另一例中，他成功用這個技巧預估一九六四年高華德（Goldwater）與詹森（Johnson）對決的總統大選（不過他大幅低估了詹森勝出的比例）。米爾格蘭原本也打算把這個技巧套用到遠東地區，以便探究香港、新加坡與曼谷等地親毛與親國民黨的比例。可惜的是，這項野心勃勃的專案卻因為意外問題而告中斷。米爾格蘭派去新加坡進行研究的人員在抵達新加坡後馬上因為當地暴動而遭到遣返。米爾格蘭在香港雇用的研究人員則是侵佔他的研究經費，捲款潛逃。

如今社會科學家還是使用這種方式探討大眾對多種社會議題的看法，包括柯林頓的彈劾案、[32]同性戀議題、墮胎、以阿關係、[33]北愛爾蘭天主教徒與新教徒對彼此的態度。一九九九

年，一名學生盧卡斯・漢伏特（Lucas Hanft）做了一項大型實驗，把一千六百個信封撒在曼哈頓與拿梭郡，收件者分別是支持與反對同性戀結婚的虛構機構，結果顯示城市裡的人觀念比較開放。漢伏特也碰到許多和米爾格蘭一樣的問題，例如有人威脅以亂丟垃圾為由將他逮捕。

多年來，心理學家採用改良版丟信封的技術衡量不同社群與國家的助人傾向，這些後續的研究結果幫大家分辨誰肯助人以及在何時伸出援手。有些最有趣的實驗是研究大家認為最樂於行善的一群人：信仰虔誠者。

善心撒瑪利亞人寓言
與其他宗教迷思

> 許多人都認為「信仰虔誠者常幫助需要幫助的人」、「神職人員比較誠實」。不過還是有一些比較搞怪的研究質疑那些善行是否始終如一。結果真是這樣？

檢視宗教與助人的研究結果顯示，信仰虔誠者常幫助需要幫助的人。[34]不過這個領域裡有一些比較搞怪的研究是質疑那些善行是否始終如一。

一九七〇年代，伊利諾州密里根大學的心理學家高登‧福布斯（Gordon Forbes）與同事想探索哪個宗教團體最樂善好施、哪個最不願助人。[35]直接詢問上教會的不同族群他們是不是好人似乎毫無意義，因為每個人都可能說自己是好人。所以研究人員請一位博學的神學家找出某區十個最開放與十個最保守的教會。週日禮拜時，實驗者就偷偷在教會外的門口與停車場丟信封，接著他們也在當地天主教會的彌撒時重複同樣的舉動。

這些信都封起來，但沒貼郵票，收信人是寫當地住戶「傅瑞德‧古詩里賢伉儷」。實驗人員在丟給開放教會、保守教會、天主教教會的信封上各為傅瑞德設了三種中間名的字首，以資辨識。丟在這三類教會的信封中，都有四成左右順利寄

達。沒有一封信上有貼郵票，所以撿到信封的人必須決定：幫信封貼上郵票再寄、或直接丟入郵筒以欠資郵件寄送。研究顯示，天主教徒和開放派人士比較大方，分別在89％與87％的信封上貼郵票，保守派人士只有42％貼郵票，剩下都是以欠資郵件寄送。研究人員表示：

> 研究顯示，保守派教會人士也和開放派人士或天主教派一樣樂於幫助陌生人，但是他們比較不願意為此多花幾毛錢。

這不是唯一質疑虔誠教徒助人意圖的實驗。一九七三年，普林斯頓的心理學家約翰·達利（John Darley）與丹尼爾·巴特森（C. Daniel Batson）針對宗教與助人做了一項特別的研究。[36] 在研究之初，他們請全球頂尖神學教育機構的實習牧師根據善心撒瑪利亞人的寓言準備佈道詞。這個知名的聖經故事是描述有個人被盜賊痛打一頓，躺在路上，好幾位牧師經過那名男子的身邊都直接路過，最後有一位善心的撒瑪利亞人特別上前幫忙，寓言的最後是鼓勵大家幫助受難者。那些實習牧師準備好以後，研究人員就告訴他們佈道會是在另一個建築內，並給他們新地點的方位，叫他們走過去。這些牧師並不知道研究人員會秘密觀察他們途中的一舉一動。

在兩棟建築之間，每位受試者都會碰到一位顯然需要幫助的人（其實是演員）。他癱在門口，頭靠著地面，閉上雙眼。每位受試者經過時，演員就刻意呻吟並咳個兩聲。研究人員想知道實習牧師會不會言行一致，落實他們佈道的內容，幫助那

名男子。雖然這些實習牧師正要去宣揚行善的重要，但有一半以上的人都直接路過那名男子，有些人甚至**跨過**他離去。在另一個稍微修改的實驗版本中，研究人員告訴實習牧師他們必須儘速到第二棟建築去。在這種情況下，停下來助人的比例只剩10％。這實驗透露了許多和人性有關的資訊，包括人的言行不一，以及迅速的生活步調如何助長漠不關心的文化。

本章稍早之前，我說明《行動世界》節目為了檢視英國人的誠實度所做的一連串研究。節目單位也做了一個實驗比較最可信賴者與最不可信賴者的誠實度：牧師與二手車商。最近蓋洛普的民調顯示，59％的人認為神職人員是誠實的，只有5％的人認為汽車業務員是誠實的。但是這些想法真的反應實際的誠實度嗎？為此，研究團隊成立一家假的家飾品公司，公司名稱即為「誠信」，他們從新公司寄給牧師與二手車商感謝函，感謝他們最近的購物，內附十英鎊的退款支票。所有收件人都知道他們並未向這家公司購買東西，但有多少人會不誠實地兌現這張支票？結果顯示這兩種人的差異不大，牧師與二手車商中都有一半的人將支票兌現。

城市生活

科學家把「助人實驗」擴展到全世界二十三個國家的首都實施，結果顯示拉丁美洲人很友善，里約熱內盧（巴西）與聖荷西（哥斯大黎加）最樂於助人，非洲的里朗威（馬拉威）第三。新加坡、紐約（美國）、吉隆坡（馬來西亞）是倒數前三名。

加州州立大學的勞勃・勒范恩（Robert Levine）也使用米爾格蘭丟信封的改良方式評估全球的善心程度。

勒范恩一開始的研究是探究全美三十六個大城市的人是否樂於助人。[37]他和研究團隊並沒有在街上丟信封，而是在購物中心停車場中隨機挑選汽車，把貼上郵票寫上地址的信封放在汽車的擋風玻璃上，上面以工整的字體寫著：「我在你的車子旁邊看到這封信。」他們想知道可以從各地區收到多少封信。另外，他們也做了其他的行善測試，例如：從隨機挑選的人面前走過，刻意掉筆，計算有多少人會把筆撿起來歸還。一個完全健康的人故意裝上腿部支架，站在街上，努力想拿起掉在地上的一疊雜誌，另一位躲起來的實驗者在一旁偷偷觀察大眾的反應。同一位研究人員戴上墨鏡，拿著白色枴杖，看有多少路人願意帶他穿越繁忙的街道。

勒范恩花了很多時間與精力，盡量以科學方法做這些測試。例如，在掉筆實驗中，研究人員固定以標準速度（每秒

1.5步）走向受試者，事前不斷練習自然伸手進口袋掏筆但沒注意掉筆的動作。實驗人員佯裝成盲人時，他們是站在有「行人穿越道、交通號誌、一般穩定人潮」的街角。綠燈一亮，他們就站出街角，暗中計算等多久才有人帶他們過馬路。

整體而言，他們發現東南部小城鎮的居民最樂於助人，東北部大城市的居民最冷淡。冠軍友善城鎮是紐約州的羅徹斯特，德州休士頓緊接在後，田納西州那什維爾市第三，田納西州孟菲斯市第四。美國最不友善的城市是紐澤西州的派特森市，第二冷淡的城市是紐約市，第三是洛杉磯。

遺失信件的實驗結果特別有趣。在紐約，有些寄回的信件上寫了憤怒的辱罵字眼。勒范恩在著作《時間地圖》（*The Geography of Time*）中說明這項實驗時提到：

> 我從紐約收到一封整個拆開的信封，那位寄信人在信封背後用西班牙文寫著：「**Hijo de puta iresposable**」，那是對母親相當難聽的咒罵語，下面則是直接用英語寫著「**F____ You**」（幹！）

在羅徹斯特則不一樣，一位匿名的善心人士在信封上寫了措辭和善的話語，最後還加註這封信讓他想起米爾格蘭的「世界真正小」實驗。他在信封上問勒范恩：「你和紐澤西或長島市的勒范恩家族有親戚關係嗎？」

全國實驗的成功讓勒范恩和同事興奮不已，他們決定往全球實驗。[38] 他們造訪二十三個國家的首都，丟了四百多枝筆，

戴上腳架五百多次，丟下八百封信。丟信技巧顯然在各文化中都會出問題。在特拉維夫，放在地上或汽車擋風玻璃上的包裹與信件往往會被當成炸彈，所以大家幾乎都是避之唯恐不及。在薩爾瓦多，這些信件令人起疑，因為這類信件常和知名詐騙行徑有關，某人撿起信件時，就會發現有人站在身邊宣稱那封信是他的，裡面有一些錢，但現在錢不見了，要向撿信的人追討。有些國家沒有郵筒，有些國家沒有可靠的郵務系統，例如阿爾巴尼亞。雖然實驗困難重重，研究人員還是不屈不撓，最後終於完成國際助人研究。

研究結果顯示拉丁美洲人很友善，里約熱內盧（巴西）與聖荷西（哥斯大黎加）最樂於助人，非洲的里朗威（馬拉威）第三。新加坡、紐約（美國）、吉隆坡（馬來西亞）是倒數前三名。每個國家的差異也很明顯，在里約熱內盧與里朗威，每次都有人帶「盲眼」實驗人員過馬路，在新加坡與吉隆坡只有一半的人願意幫忙。在聖荷西，有95％的人願意幫裝腳架的實驗人員撿起掉在地上的雜誌。在紐約只有28％的人願意這麼做。

勒范恩和同事深入檢視他們在美國城市實驗的資料，發現人口密度是預測樂善好施度的最佳指標。為什麼人口密度高的地方反而大家比較不願助人？米爾格蘭提出的一種理論是，人口多的城市通常有「感官負荷超載」（sensory overload）[39]的現象，他們經常接收別人、手機、交通與廣告的資訊轟炸，所以會出現系統接收太多資訊時的反應：決定事情的輕重緩急，以較少時間處理多種不同的事情。米爾格蘭認為這原因導致大

家看到需要幫助的人卻過路不停，把助人的責任轉給其他人承擔。這也造成一種矛盾的現象：空間裡愈多人存在，大家的感覺愈空虛孤立。

但是勒范恩不只對城市大小與居民助人程度的關係感興趣而已，他也想知道城市的生活步調是不是也會影響大家的助人意願。

衡量生活步調

> 步調較慢的城市，居民比較樂於助人。愈多人匆忙走動，
> 他們對於和目標無關的事物也會投入比較少的時間。生活
> 步調快的城市有較多的吸煙者，罹患心血管疾病的比例也
> 比較高。

　　勒范恩與同事急著想衡量這些看似模糊的因素，所以他們造訪三十一國，測量三種生活步調的指標。[40]

　　他衡量隨機挑選的行人走六十呎人行道的平均速度，到不同的郵局暗中衡量他們賣一張郵票給顧客的時間，在市區隨機挑選十五家銀行，記錄銀行的時鐘準確度。

　　這項研究非常系統化。衡量走路速度時，他們會確定路面平坦、毫無障礙、不會太擠。分析中也會排除小孩、有明顯肢體障礙、瀏覽櫥窗的逛街者。衡量郵局的服務速度時，研究人員會讓櫃臺服務人員看一張紙，上面用該國語言寫著購買郵票的指示，以減少可能的跨文化溝通障礙。分析結果顯示，這三種衡量方式彼此相關，顯示它們的確可以做為城市生活步調的指標。

　　勒范恩把不同的指標合併成單一速度衡量標準。結果顯示瑞士的生活步調最快（銀行時鐘只有十九秒的偏差）。愛爾蘭第二，德國第三。有趣的是，九個步調最快的國家中，有八個是西歐國家（日本是第四名，打破西歐獨占鰲頭之勢）。英國

是第五名，走路速度是全世界第四快。唯一沒上前十名的西歐國家是法國（排名十一，位居香港之後），勒范恩認為這有可能是因為衡量期間剛好法國碰到有史以來最熱的夏天。最慢的國家分別是巴西、印尼、墨西哥。倒數八名是由非洲、亞洲、中東與拉丁美洲囊括。在美國境內，波士頓是速度最快的城市（打敗第二名的紐約），洛杉磯是最鬆散的城市。這項研究也進一步證明紐約人的無禮，因為實驗者只在兩個城市遭到郵局員工的無禮對待，一個是紐約，另一個是布達佩斯。

　　勒范恩發現一些證據顯示，步調較慢的城市，居民比較樂於助人。誠如米爾格蘭的「感官負荷超載」理論所預期的，愈多人匆忙走動，他們對於和目標無關的事物也會投入比較少的時間。

　　這不是住在快步調社會的唯一缺點。一九八〇年代末期，勒范恩和研究團隊造訪美國三十六個城市，比較生活步調與心血管疾病的死亡率。[41]他們的推測很簡單，住在步調快的城市比較可能有所謂的「A型人格」。這些特質會更強調緊急、競爭、在短時間內急忙完成許多事情。A型人說話速度較快，會搶著幫人把話講完，他們通常是餐桌上最先用完餐的人，看錶的頻率也比較高。有些研究人員認為這種生活方式會對人體產生很大的壓力。勒范恩的研究顯示，生活步調快的城市有較多的吸煙者，罹患心血管疾病的比例也比較高。進一步的分析顯示，每個城市的走路速度及人口帶錶的比率是特別準確的問題指標，這些因素之間為什麼會有那麼不健康的關係？或許A型人比較喜歡步調快的生活，或許住在步調快的地方會讓人變成

A型人，或許是兩者皆然。不管是什麼說法，結論都很明顯。快速不僅讓人更不願意助人，也有害健康。

眾論歸一

> 研究結果證實，比較重視個人主義的社會（例如美、英、瑞典）比重視群體的社會（例如印尼、敘利亞、中國）更不關愛他人。如何鼓吹大家合作的驚人案例，先讓大家同意小事，就比較容易說服他們不要擔心大事。

　　勒范恩在全球各地做的掉雜誌、掉筆、掉信實驗顯示，人口密度與生活步調不是影響助人意願的唯一因素。你關心別人嗎？還是只為自己？有些心理學家認為大家回答這個問題的方式大體上因文化而定。有些社群與國家比較有「個人主義」，這些社會強調個人的需要與權力，比較不重視有利人群的活動。另一種極端是「集體主義」，大家認為自己是團隊（家庭、組織或整個社會）的一份子，比較會為大局著想。勒范恩的研究結果證實，比較重視個人主義的社會（例如美、英、瑞典）比重視群體的社會（例如印尼、敘利亞、中國）更不關愛他人。其他研究也顯示，這種影響是從小開始養成的。研究人員叫四歲小孩為娃娃編故事時，印尼小孩編的故事中友善與樂於助人的角色比美國、德國或瑞典小孩說的多。[42]

　　社會心理學家菲利普·金巴多（Philip Zimbardo）做的研究最清楚顯現住在關愛社群裡的影響。[43]金巴多和米爾格蘭（做過服從權威、世界真小、丟信封、電視暴力等實驗）一樣，他也做過一些歷久彌新的實驗，或許他最廣為人知的研究

是如今惡名昭彰的「監獄」實驗。在那項實驗中，他把大學生隨機分組，讓他們在模擬監獄中分別扮演守衛與犯人的角色，讓守衛以殘暴不仁的方式對待犯人。進行知名研究並不是金巴多和米爾格蘭的唯一共同點，他們年輕時都就讀紐約布隆克斯的詹姆士門羅高中，甚至有好幾堂課還坐在隔壁。[44]金巴多也和米爾格蘭一樣，對助人的心理很感興趣。

金巴多在這方面最引人注目的貢獻是探討社群對反社會行為的影響。他刻意在紐約大學的對街把二手車的引擎蓋打開，車子也不上鎖，偷偷在一旁錄影會發生什麼事。只隔十分鐘，就有路過的車子停下來，有一家人下車。母親迅速拿走車內值錢的東西，父親用鐵鋸敲走冷卻器，小孩子則翻找後車箱。又過了十五分鐘，另兩名男子用千斤頂舉起車子，拔除輪胎。接下來幾個小時，其他人扒除車上的東西，直到只剩破銅爛鐵，這些反社會行為就在光天化日下發生。金巴多在兩天內就錄到二十多件破壞事件（大多是中產階級的白人男子在大白天做的）。車子破壞的程度令人慘不忍睹，需要兩輛卡車才能把那整堆廢鐵從街上移走。

金巴多又把另一台類似的車子（還是把引擎蓋掀起）放在社群觀念比較強的地方：加州帕洛阿爾托的史丹佛大學對面。結果和紐約市的情況截然不同，一個星期內完全沒發生任何破壞事件。開始下雨時，有一位路人還把引擎蓋放下來保護馬達。金巴多終於把車子開走時，還有三人報警表示有人偷走棄置的車輛。

社會責任感是如何培養的？要如何讓人不要只顧著自己

的需求與考量，讓他們把自己當成社群裡的一份子？好消息是，史丹佛大學的心理學家強納森·弗利德曼（Jonathan Freedman）與史考特·弗雷澤（Scott Fraser）所做的研究顯示，其實不需要大費周章即可達到。[45]

在第一部份的研究中，研究人員佯裝成義工，到加州住宅區挨家挨戶拜訪，詢問大家願不願意在花園裡插上標示，幫忙減少社區裡汽車超速的情況。但是有個小問題，那個標示很大，會完全破壞房子與花園的美感。研究人員為了讓屋主清楚了解這點，還特別讓他們看一張照片，照片中某戶人家的草坪上插著「**小心駕駛**」的醜陋標示。標示幾乎遮住大半的房子，也完全擋住大門，願意配合的住戶當然很少。

在研究的第二部分，研究人員找了另一組住戶，也向他們提出一樣的問題，不過這一次的標示小很多，只有三平方英吋，上面寫著：「請安全駕駛」。這是個小請求，幾乎每個人都接受了。兩週後，研究人員又回來請住家換上比較大的標示，這次有76%的人同意在花園裡插上那個醜陋的大型標示。

為什麼會有那麼大的差別？弗利德曼與弗雷澤認為，同意接受第一個小型標示對於住戶如何看自己有很大的影響，他們突然間變成樂於伸出援手的人，是好公民，願意犧牲小我顧全大局。所以面對大型醜陋的標示時，他們比較可能說好。這是如何鼓吹大家合作的驚人案例，先讓大家同意小事，就比較容易說服他們不要擔心大事。

結語

　　二〇〇六年八月二十二日下午一點，我站在都柏林市中心的郵政總局外面，這座建築外觀宏偉，有六根大型石柱。我小心翼翼地沿著人行道滾著測距輪，發現第一根柱子與第五根柱子的距離剛好是六十英尺。我靠著第五根柱子，假裝我是享受夏日陽光的旅客。其實，我左手藏著碼錶，正暗中觀察建築前獨自走過來的行人。有人走過第一根柱子，我就按下碼錶開始計時，幾秒後在六十英尺的地方，他會經過我，我就按下碼錶，並偷偷觀察碼錶上的時間，在那本時常陪我到處做田野考察的老舊筆記本上記下時間。我不是當天唯一做這種奇怪活動的人，全球有一大群研究人員在三十二個國家都在做同樣的衡量工作。

　　我在本書一開始提到我做的第一個搞怪實驗，那是一九八五年，我在火車站暗中拿著碼錶請人判斷我的自我介紹花了幾秒。二十一年後，我才剛做完最新的一項研究。這個研究就像我的車站研究一樣，涉及不知情的路人與暗藏的碼錶。它和我最早做的研究一樣，都不是小事。

　　英國文化協會在世界各地都有分會，每個分會透過藝術、教育、科學、科技與體育活動推廣英國事務。二〇〇五年底，我提議和英國協會合作執行大規模的跨文化實驗，探討全球的生活步調。我們依循勒范恩探討這項主題的創新研究方式（如第六章所述），衡量全球二十一個國家的走路速度，把結果拿

來和一九九〇年代初期勒范恩的資料相比，了解大家的行動速度是不是又比以前加快了。

我到都柏林那天，我們全球的研究團隊分別帶著碼錶、量尺、紙筆到各地的市中心，[1] 按照勒范恩的方式，到繁忙街道上找到寬敞平坦、無障礙、不會太擠、又可以讓人以最快速度行走的人行道。在當地時間上午十一點半到下午兩點之間，大家分別記下三十五名男子與三十五名女子走六十英尺人行道的時間。他們只觀察獨自行走的大人，不看正在講行動電話或提著一堆購物袋的人。

從巴黎到布拉格，從新加坡到斯德哥爾摩，研究人員衡量三十二國大城市的生活步調。這項調查涵蓋勒范恩記錄過的許多城市，也加入幾個他沒納入一九九四年研究的城市。不同城市與國家的整體排名如下頁所示：[2]

排名	城市	國家
1	新加坡	新加坡
2	哥本哈根	丹麥
3	馬德里	西班牙
4	廣州	中國
5	都柏林	愛爾蘭
6	庫力奇巴	巴西
7	柏林	德國
8	紐約	美國
9	烏特列支	荷蘭
10	維也納	奧地利
11	華沙	波蘭
12	倫敦	英國
13	札格拉布	克羅埃西亞
14	布拉格	捷克
15	威靈頓	紐西蘭
16	巴黎	法國
17	斯德哥爾摩	瑞典
18	盧布爾雅那	斯洛維尼亞
19	東京	日本
20	渥太華	加拿大
21	哈拉雷	辛巴威
22	索菲亞	保加利亞
23	台北	台灣
24	開羅	埃及
25	沙那	葉門
26	布加勒斯特	羅馬尼亞
27	杜拜	阿拉伯聯合大公國
28	大馬士革	敘利亞
29	安曼	約旦
30	伯恩	瑞士
31	麥納麥	巴林
32	布蘭岱	馬拉威

步調最快

最慢

怪咖心理學之
史上最ㄎㄧㄤ實驗，用科學揭露你內心的真實想法

同一天，我們也派研究團隊到英國的各大城市測量。結果倫敦人移動速度最快，走六十英尺平均只花12.17秒。接著是貝爾法斯特，平均速度是12.98秒。第三是愛丁堡，平均速度是13.29秒，最慢的是卡地夫，平均是16.81秒。這些差異看似不大，但是累積下來很可觀。從英國最北角走到最南角的874英里路，倫敦人只需連走十一天，卡地夫人則需要走近十五天。

比較勒范恩研究的十六個城市與我們的研究就可以判斷生活步調是不是變快了。我特地跑到都柏林，因為勒范恩的調查中，都柏林人的速度最快，走六十英尺平均只需11.13秒。二〇〇六年情況也差不多，我的測量結果是平均11.03秒。高居勒范恩研究前幾名的城市大多沒變多少，例如東京、紐約、倫敦、巴黎。但是勒范恩清單上的最後幾名城市呢？一九九四年，布加勒斯特的平均速度是16.72秒。二〇〇六年他們以平均14.36秒的速度走完相同的距離。維也納人也比以前快兩秒，從原本14.08秒降至12.06秒。索菲亞、布拉格、華沙、斯德哥爾摩都有同樣的情況。改變最大的城市是廣州與新加坡，兩者目前的速度都比一九九〇年代初期快四秒，這表示他們的生活步調加快的速度是世界上很多地方的四倍。一九九〇年待初期，十六國的整體平均走路速度是13.76秒，二〇〇六年平均速度已經降至12.49秒，我們的全球走路實驗顯示，全世界的人的確愈走愈快。

這樣的速度加快，在十年內就達到了。以這樣的加速往未來推估，預期二〇二一年時，大家走同樣的距離幾乎不必花

多少時間。二〇四〇年時，大家在出發以前的幾秒即已到達目的。以米爾格蘭的「感官負荷超載」假設來看（參見第六章），這些城市的人可能比較不關心他人，只注意對自己重要的東西，彼此之間比以前疏離。由於這些因素會影響社會彼此關懷的程度，有些人可能會說全球各地的城市居民現在移動的速度都比生活步調快。這個想法令人憂心，尤其最近聯合國的報告《世界都市現況 2006/7》（*State of the World's Cities 2006/7*）的結論指出，有史以來第一次出現城市居民比鄉下居民多的現象。

　　我完成都柏林的測量後，闔上筆記本，離開郵政總局（以每秒5.45英尺的速度），回想我這二十一年來探索的人生古怪面。除了測試全國謊話偵測技巧、發現搭訕語與徵友廣告的心理等等多元主題外，過程中產生許多美好與令人難忘的時刻，包括在鬧鬼的房子裡過夜，在搞笑俱樂部裡做不好笑的即席表演，請我的博士班學生穿上大雞裝，看著四歲小孩打敗股市大盤，感受六十呎火熱炭堆發散的熱氣（我們沒衡量那個研究的走路速度，但我猜會贏過都柏林人的速度）。沒有科學研究是獨立存在的，我的研究都是以曾經大膽探索人類行為未知面的學者所做過的研究為基礎。這些研究人員曾經暗藏在超市與保齡球館裡吃盡苦頭、對殺人犯的屍體進行電擊、在紅綠燈前阻礙交通、花無數小時翻閱數百萬筆死亡記錄。這些搞怪心理學家帶我們洞悉許多心理學的面向，包括欺騙、迷信、行善等等。這些研究也幫我們揭開日常生活底下的秘密心理，顯示我們的日常生活多麼有意思。就好像亞瑟·柯南·道爾在著作

《血字的研究》（*Study in Scarlet*）中所說的：「生活比人類大腦所能想像的一切還要奇怪太多了。」

　　一百年來，有一群研究人員專門研究像你一樣的人，迄今他們的研究才揭露你生活有趣面向的一小部分而已。我希望本書可以把搞怪心理學從冷門學術變成主流學科，讓罕見事物的研究變得稀鬆平常。我希望這個領域的學者可以進行更多有趣又特別的研究：例如探索金髮女子是不是真的比較有趣、我們為什麼會做白日夢、個性與手機鈴聲的關係、為什麼有些人比較討喜、會腹語術的人是不是有多重人格、穿制服是不是讓學生比較沒有創意、我們為什麼會喜極而泣等等。總之，我夢想未來的世界裡充滿探討生活稀奇古怪面的研究人員。下次有人在街上攔住你，問你正確的時間，或是紅綠燈前有台車一直擋著你的路，或是發現地上有二十英鎊的鈔票時，那就要小心了，事情可能沒你想的那麼單純。

化解全球普遍的「宴會枯燥病」

　　調查顯示，有87％的人患有「宴會枯燥病」，擔心晚宴時沒話題可聊，盡聊些無聊的話題。為了幫大家減輕痛苦，最近我連續辦了幾場「實驗性」餐會。大家開動以前，每位賓客必須評估一長串的話題敘述，這些敘述都是取自本書收錄的研究，評分等級從1（「隨便啦」）到5（「真的嗎？何時出平裝版？」）然後我再從這些資料中找出最有可能讓大家在無聊聚會中熱烈討論的話題。

　　以下是前十名的話題，從第十名排至第一名：

▌**第十名**：研究人員要求受試者用幾個字描述大學教授和瘋狂足球迷，事後描述大學教授的人答對的益智問答比描述瘋狂足球迷的人多。

▌**第九名**：女性的徵友廣告如果找男性幫忙捉刀，可以吸引更多人回覆，但是男性徵友廣告找女性捉刀並沒有用。

▌**第八名**：蒙娜麗莎的微笑之所以神秘，是因為達文西的畫法讓大家看她的雙眼時笑容比較明顯，看她的嘴巴時就沒那麼明顯了。

▌**第七名**：女性貨車駕駛比其他人更有可能拿十樣商品去超市的迅速結帳櫃臺結帳、違規超速、在限停位置停車（這個話題特別受到女性的青睞）。

▌**第六名**：有些看似撞鬼的經驗，例如有神秘的東西存在，其實是因為風吹過開啟的窗戶產生低頻音波造成的（這點

獲得的男性評分最高）。

▌**第五名**：包含「K」音的字特別容易令人發笑，例如duck、quack、Krusty the Clown。

▌**第四名**：夏天出生的人比冬天出生的人幸運，出生時的氣溫差異讓夏天出生的人比較樂觀，樂於接納機會。

▌**第三名**：和說謊的語言有關。偵測謊言的最好方法是用耳朵聆聽，而不是用眼睛觀察：說謊者比講實話的人更少話、透露的細節較少、使用的「我」字也比較少。

▌**第二名**：話題還是和欺騙有關，主要是談虛假的笑容。真正的笑容與虛假的笑容差別完全看眼睛部位，真實的笑容會動到眼眶旁邊的皮膚，虛假的笑容比較不會動到那裡。

▌**第一名**：這個話題是和穿毛衣與狗屎有關的奇怪事實。大家寧可穿沾到狗屎沒洗的毛衣，也不想穿連續殺人犯穿過但已經洗乾淨的毛衣。

所以下次你去參加晚宴，可以準備幾個已經經過科學證實的事實，和大家進行有趣的討論。我們可以一起消弭「宴會枯燥病」。

重要的秘密實驗

為了忠於搞怪心理學的精神，本書內建兩部分特別的研究，這個研究最終將透露許多讀者的個性。讀者購買本書就算是參與第一部份的研究，第二部分是上www.quirkology.com完成簡短的人格測試。

你提供的資訊都將全數保密，我們需要讀者盡量參與以完成研究。有可能你看到這段文字時，實驗已經結束，如果是這樣，你也可以上www.quirkology.com了解結果。

謝辭

　　本書緣起是有一次我偶然和科普類作家兼《科學人》（*Scientific American*）雜誌專欄作家邁可・薛莫（Michael Shermer）聊天時產生的。二〇〇五年十一月，邁可好心安排我到加州理工學院演講。我們一邊聊天一邊走回旅館的路上，突然提到我可以寫一本關於心理學特別研究的書。邁可，謝謝你。沒有那次的談話，這本書可能永遠也不存在。

　　許多機構贊助與幫忙我們進行本書收錄的研究。首先，我想感謝赫福郡大學多年來支持我的研究。另外，我也要感謝英國科學促進協會的蘇・賀迪真可（Sue Hordijenko）、吉爾・奈爾森（Jill Nelson）、尼克・希利爾（Nick Hillier）、克雷格・布里爾利（Craig Brierley）、保羅・布里格斯（Paul Briggs）在金融占星實驗與笑話實驗室進行期間所提供的寶貴協助。我也要感謝愛丁堡國際科學展的賽門・蓋吉（Simon Gage）、崔西・佛斯特（Tracy Foster）、寶琳・穆林（Pauline Mullin）幫忙進行天生好運實驗，以及探索微笑與速配約會的科學。另外，也感謝凱蒂・史密斯（Katie Smith）及切爾滕納姆科學展的主辦團隊幫我們進行「世界真正小」實驗。同樣的，也感謝紐西蘭國際科學展的負責人凱倫・哈特雄（Karen Hartshorn）幫我們進行「天生好運2」的實驗，以及但尼丁公立藝術畫廊安排笑容畫展實驗。我也要感謝英國文化協會贊助我到紐西蘭，還有謝謝弗利瑟提・康奈爾（Felicity Connell）

在當地對我的細心照顧。另外也謝謝英國文化協會的邁可‧懷特（Michael White）幫忙規劃「全球生活步調」研究，還有挪出時間幫我們測量全球各地走路速度的研究團隊。

本書提到的許多研究都和媒體有關，我很幸運多年來能和許多優秀的記者與節目製作人合作。我想感謝《每日星球》的佩妮‧帕克（Penny Park）與傑‧英格朗（Jay Ingram）和我合作做了那麼多的實驗，並說服我兒時的偶像萊斯里‧尼爾森參與其中一項研究。也感謝約翰‧札瑞茲基與他的團隊在我們一起為笑話實驗室拍攝紀錄片《別鬧了》（No Kidding）時所創造的許多歡樂回憶。謝謝咬你腳製作公司（Bite Yer Legs）的伊莎貝爾‧威廉斯（Isobel Williams）為我們創造的超現實經驗，讓大家願意為了沒什麼價值的黃銅窗簾吊環付出好幾英鎊。特別感謝《每日電訊報》的科普類編輯羅傑‧海飛德及作家賽門‧辛‧羅傑，謝謝你帶我進入刺激的科學傳播界，幫我實現許多點子。就像我們每次見面時你提醒我的，沒有你，我什麼都不是。賽門，謝謝你把戴羅賓爵士的實驗弄得那麼成功。還有你多年來提供的寶貴建議與專業。沒有你，我也是一無所成。

我也要感謝我的同仁與合作伙伴。謝謝馬修‧史密斯和我一起做樂透實驗，舉行假通靈會時在暗地裡做秘密行動。謝謝艾瑪‧葛林幫我寄出「世界真正小」研究的所有包裹、幫忙抓鬼、探索暗示的心理，篩選上萬個笑話後還有精力大笑。謝謝莎拉‧伍茲（Sarah Woods）讓我們掃描她的大腦，衡量倫敦的生活步調，不在意笑話實驗室的金髮美女笑話。謝謝席阿蘭‧歐基夫穿上大雞裝，和我一起探索一些英國鬧鬼的地方。

怪咖心理學之
史上最ㄎㄧㄤ實驗，用科學揭露你內心的真實想法

謝謝艾綴恩‧歐文幫忙做大腦掃描及找出全球最爆笑笑話的根源。感謝超低頻音團隊的所有成員（莎拉‧安格利斯、席阿蘭‧歐基夫、李查‧羅德、丹‧席蒙、婕妮亞）在進行啟發那麼多人的研究時，也一起共度愉悅的時光。謝謝吉姆‧賀朗與捷安堤‧邱泰分享和靈異、速配約會、時間心理學有關的寶貴經驗。謝謝凱倫幫忙執行速配約會實驗，允許我們拿妳的照片當本書英國版的封面。謝謝彼得，讓我可以在書中刊登你完美的真假微笑。謝謝布萊恩‧費雪巴赫（Brian Fischbacher）幫凱倫與彼得拍那麼棒的照片。謝謝克里夫‧傑夫瑞斯（Clive Jeffries）在通靈會研究時花很長時間躲在黑暗中，還有為本書提供許多精闢的見解。謝謝安迪‧尼曼在假通靈會上逼真的通靈演出，也讓我經常捧腹大笑，你注定會是了不起的人物。

沒有經紀人派屈克‧威爾許（Patrick Walsh）與艾瑪‧派瑞（Emma Parry）的指導與專業，編輯傑森‧古柏（Jason Cooper）、李查‧敏勒（Richard Milner）、喬安‧米勒（Joann Miller）的協助，就沒有這本書的誕生。我要特別感謝完美的同事兼合作伙伴凱洛琳‧瓦特，本書收錄的研究幾乎都是她設計與執行的，在遇到困難時給予我需要的支持，鞠躬盡瘁，真的很謝謝妳。

最後，我要謝謝做過數百種古怪研究的研究人員及數百萬名受試者。沒有你們，這本書將全然不同，也會簡短許多。

怪咖心理學之
史上最ㄅㄧㄤˋ實驗，用科學揭露你內心的真實想法

附注

序論

1 M. Brookes – *Extreme measures: The Dark Visions and Bright Ideas of Francis Galton*. Bloomsbury: London, 2004.

2 E Galton – 'Statistical inquiries into the efficacy of prayer', *Fortnightly Review*#68, pages 125-35. 1872.

3 id. – *The Art of Travel*, page 209. John Murray: London, 1855.

4 I. Farkas, D. Helbing & T. Vicsek – 'Mexican waves in an excitable medium', *Nature* #419, pages 131-2. 2002.

5 L. Standing – 'Learning 10,000 pictures', *Quarterly Journal of Experimental Psychology* #25, pages 207-22. 1973.

6 R. Sommer – 'The personality of vegetables: Botanical metaphors for human characteristics', *Journal of Personality* #56(4), pages 665-83. 1988.

7 J. Trinkaus – 'Wearing baseball-type caps: An informal look', *Psychological Reports* #74(2), pages 585-6. 1994.

8 R. B. Cialdini & D. A. Schroeder – 'Increasing compliance by legitimizing paltry contributions: When even a penny helps' *Journal of Personality and Social Psychology* #34, pages 599-604.1976.

9 R. A. Craddick – 'Size of Santa Claus drawings as a function of time before and after Christmas', *Journal of Psychological Studies* #12, pages 121-5. 1961.

第1章　你的生日究竟透露出哪些相關的訊息：時間心理學

1 G. Dean – 'Astrology' in G. Stein (ed.), *The Encyclopedia of the Paranormal*, pages 47-99. Prometheus Books: Amherst. 1996.

2 D. T. Regan - *For the Record: From Wall Street to Washington*. Harcourt Brace: New York, 1988.

id. - *What Does Joan Say?: My Seven Years as White House Astrologer to Nancy and Ronald Reagan*. Carol Publishing Group: New York, 1990.

3 J. Chapman - `How a girl of four trounced a top investor and a stargazer at playing the stock market', *Daily Mail*, 2l March 2001, pages 2-3.

4 M. Nichols - `An investor, an astrologer, and a girl, 4, played the market. Guess who won? ', *Scotsman*, 24 March 2001, page 5.

5 T. "Iceman `Girl shows money game is child's play', *The Times*, 24 March 2001.

6 G. Rollings - `McNuggets of wisdom from the shares ace aged four'. *Sun*, 24 March 2001, page 50.

7 Ibid.

8 T. Utton - `Girl of five heats the stock market experts (again)', *Daily Mail*, 14 March 2002, page 43.

9 J. Mayo, O. White & I-i. J. Eysenck - `An empirical study of the relation between astrological factors and personality', *Journal of Social Psychology* #105, pages 229-36. 1978.

10 Editorial - `British scientist proves basic astrology theory', *Phenomena*, 1 April 1977, page I.

11 H. J. Eysenck & D. K. B. Nias - *Astrology: Science or Superstition?*. Pelican: London, 1988.

12 H. B. Gibson - *Hans Eysenck: The Man and Ilis Work*, page 210. Peter Owen: London, 1981.

13 G. Jahoda - `A note on Ashanti names and their relationship to personality', *British Journal of Psychology* #45, pages 192-5. 1954.

14 M. Gatiyuelin - *Dreams and Illusions of astrology*. Glover & Blair Ltd: London, 1979.

15 G. Dean & I. W. Kelly - Is astrology relevant to consciousness and psi? ', *Journal of Consciousness Studies* #10(6-7), pages 175-98. 2003.

16 For an overview of this work, see: G. Dean, A. Mather & I. W. Kelly - `Astrology' in G. Stein (ed.), *The Encyclopedia of the Paranormal*, pages 47-99. Prometheus Books: Amherst, 1966.

17 V. Muhrer -- 'Astrology on Death Row', *The Indian Skeptic* # 11, pages 13-19. 1989.

18 B. R. Forer - 'The fallacy of personal validation: A classroom demonstration of gullibility', *journal of Abnormal Psychology* #44, pages 118-21. 1949.

19 P. E. Meelll - 'Wanted - A good cookbook', *American Psychologist* # 11, pages 263-72. 1956.

20 D.H. Dickson & 1.W. Kelly- 'The "Barnum Effect" in personality assessment: A review of the literature', *Psychological Reports* #57, pages 367-82. 1985.

21 M. Gauquelin - *Dreams and Illusions of astrology*. Glover & Blair Ltd: London, 1979.

22 S. J. Rlacklnore 'Prohahility misjudgment and belief in the paranormal: A newspaper survey', *British Journal of Psychology* #88, pages 683-9. 1997.

23 M. l-Iamilton - 'Who believes in astrology? Effects of favorableness of astrology derived personality descriptions on acceptance of astrology', *Personality and Individual Differences* #31, pages 895-902. 2001.

24 M. Siffre -- *Beyond Time*. McGraw-Hill: New York, 1964.

25 S. S. Campbell & P. J. Murphy - 'Extraocular circadian phototransducrion in humans', *Science* #279, page 396. 1998. This finding has been challenged in the following paper: K. P. Wright & C. A. Czeisler - 'Absence of circadian phase resetting in response to bright light behind the knees', *Science* #297, page 571. 2002.

26 A. Ihulink - 'Birth date and sporting success', *Nature* #368, page 592. 1994.

27 R. H. Barnsley, A. It Thompson & P. E. Barnsley - 'Hockey success and hirthdate: The relative age effect', *Canadian Association for Health, Physical Education, and Recreation journal* #51, pages 23-8. 1985.

— S. Edwards - letter to the Editor, 'Born too late to win?' *Nature* #370, page 186. 1994.

— J. Musch & R. 1-lay - 'The relative age effect in soccer: Cross-cultural evidence for a systematic discrimination against children born late in the competition year', *Sociology of Sport Journal* #16, pages 54-64. 1999.

— A. H. Thompson, R. H. Barnsley & G. Stehelsky - 'Born co play ball: The relative age effect and major league baseball', *Sociology of Sport journal* #8, pages 146-51. 1991.

28 This work is summarized in R. Wiseman - *The Luck Factor*. Random House: London, 2004.

29 J. Chotai & R. Wiseman - `Born lucky? The relationship between feeling lucky and month of birth', *Personality and Individual Differences* #39, pages 1451--60. *2005.*

30 J. Chotai, T. Forsgren, L. G. Nilsson & R. Adolfsson - `Season of birth variations in the temperament and character inventory of personality in a general population', *Neuropsychobiology* #44, pages 19-26. 2001.

31 S. Dickert-Conlin & A. Chandra - `Taxes and the timing of births', *Journal of Political Economy* #107(1), pages 161-77. 1999.

32 A. A. Harrison, N. J. Struthers & M. Moore - `On the conjunction of National Holidays and reported birthdates: One more path to reflected glory?', *Social Psychology Quarterly* #51(4), pages 365-70. 1988.

33 H. J. Eysenck & D. K. B. Nias - *Astrology: Science or Superstition?.* Pelican: London, 1998.

34 For a readable introduction to this controversy, see: G. Dean - `Is the Mars Effect a social effect? A re-analysis of the Gauquelin data suggests that hitherto baffling planetary effects may be simple social effects in disguise,' *Skeptical Inquirer* #26(3), pages 33-8. 2002.

-- S. Ertel - `The Mars Effect cannot be pinned on cheating parents - Follow-up', *Skeptical Inquirer* #27(1), pages 57-8. 2003.

- G. Dean - `Response to Ertel', *Skeptical Inquirer* #27(1), pages 57-60, 65. 2003.

35 D. P. Phillips & D. G. Smith - `Postponement of death until symbolically meaningful occasions', *Journal of the American Medical Association* #263, pages 1947-51. 1990.

36 D. P. Phillips, C. A. Van Voorhees & T. E. Ruth - `The birthday: Lifeline or deadline?' *Psychosomatic Medicine* #54, pages 532-42. 1992.

37 For a review of this data and debate, see: J. A. Skala & K. E. Freedland - `Death takes a raincheck', *Psychosomatic Medicine* #66, pages 382--6. 2004.

38 S. A. Everson, D. E. Goldberg, G. A. Kaplan, R. D. Cohen, E. Pukkala, J. Tuomilehto & J. T. Salonen - `Hopelessness and risk of mortality and incidence of myocardial infarction and cancer', *Psychosomatic Medicine* #58, pages 113-21. 1996.

39 W. Kopczuk & J. Sleinrod - `Dying to save taxes: Evidence from estate-tax returns on the death elasticity', *Review of Economics and Statistics* #85(2), pages 256-65. 2003.

第2章　千萬別相信任何人：欺騙心理學

1　M. D. Morris - `Large scale deceit: Deception by captive elephants? ',in R. W. Mitchell & N. S. Thompson (eds), *Deception: Perspectives on human and nonhuman deceit,* pages 183-92. State University of New York Press: New York, 1986.

2　Information about Koko and Michael can be found at: *www.koko.org.*

3　A full transcript of this conversation is available at: *ewrww.koko.nrghvorldltalk_aol.html.* Online Host content: Copyright 1998-2006 AOI. LLC. Used with permission.

4　H. L. Miles - `How can I tell a lie? Apes, language, and the problems of deception' in R. W. Mitchell & N. S. Thompson (eds), *Deception: Perspectives on human and nonhuman deceit,* pages 245-66. State University of New York Press: New York, 1986.

5　M. Lewis - `The development of deception' in M. Lewis & C. Saarni (eds), *Lying and deception in everyday life,* pages 90---105. The Guilford Press: New York, 1993.

6　P. Ekman -- *Telling lies: Clues to deceit in the marketplace, politics, and marriage.* W. W. Norton & Company: New York, 1985.

7　R. Highfield - `How age affects the way we lie', *Daily Telegraph* page 26. 25 March 1994.

8　This work is reviewed in A. Vrij - *Detecting lies and deceit.* John Wiley & Sons: Chichester, 2000.

9　R. G. Hass -'Perspective-taking and self-awareness: Drawing an E on your forehead', *Journal of Personality and Social Psychology* #46, pages 788-98. 1984.

10　R. Wiseman - The MegaLab truth test', *Nature* #373, page 391. 1995.

11　This work is reviewed in: A. *Vrij - Detecting 37*12.16=136=lies and deceit.* John Wiley & Sons: Chichester, 2000.

12　Cited in B. M. DePaulo & W. L. Morris - `Discerning lies from truths: Behavioural cues to deception and the indirect pathway of intuition' in P.A Granhag & L. A. Stromwall (eds), *The Detection of Deception in Forensic Contexts,* pages 15-40. Cambridge University Press: Cambridge, 2004.

13　P. Ekman & M. O'Sullivan - `Who can catch a liar?', *American Psychologist* #46(9), pages 913-20. 1991.

14 The global deception research team - `A world of lies', *Journal of Cross-Cultural Psychology* #37(1), pages 60-74.2006.

15 This work is reviewed in: A. Vrij - *Detecting lies and deceit*. John Wiley & Sons: Chichester; 2000.

And in: B. M. DePaulo & W. L. Morris - `Discerning lies from truths: Behavioural cues to deception and the indirect pathway of intuition' in P. A. Granhag & L. A. Stromwall (eds), *The Detection of Deception in Forensic Contexts* pages 15-40. Cambridge University Press: Cambridge, 2004.

16 Littlepage & T. Pineault - `Verbal, facial, and paralinguistic cues to the detection of truth and Lying', *Personality and Social Psychology* #4(3), pages 461-4. 1978.

17 E. Kraut & R. E. Johnston - `Social and emotional messages of smiling: An ethological approach', *Journal of Personality and Social Psychology* #37, pages 1539-53. 1979.

18 The photographs used in this study were originally taken for a similar online experiment carried out in collaboration with the Edinburgh International Science Festival.

19 ndis - `Studies of emotional reactions: II. General behavior and facial expression', *Journal of Comparative Psychology* #4, pages 447-509. 1924.

20 Livingstone - `Is it warm? Is it real? Or just low spatial frequency?' *Science* #290, page 1299.2000.

21 A. Parent - `Giovanni Aldini: From animal electricity to human brain stimulation', *The Canadian Journal of Neurological Sciences* #31, pages 576-84.2004.

22 G. T. Crook - *The Complete Newgate Calendar, Volume Four*. The Navarre Society: London, 1926.

23 `Horrible phenomena! - Galvanism', *Scotsman,* 11 February 1819.

24 G. B. Duchenne de Boulogne - *The Mechanism of Human Facial Expression*. Cambridge University Press: New York, 1990. Reprinting of original 1862 edition.

25 P. Ekman & W. V. Friesen - *The Facial Action Coding System*. Consulting Psychologists' Press: Palo Alto, 1978.

26 D. D. Danner, D. A. Snowdon & W. V. Friesen - `Positive emotions in early life and longevity: Findings from the nun study', *Journal of Personality and Social Psychology* #80, pages 804-13. 2001.

27 L A. Harker & D. Keltner - `Expressions of positive emotion in women's college yearbook pictures and their relationship to personality and life outcomes across adulthood', *Journal of Personality and Social Psychology* #80, pages 112-24. 2001.

28 E. F. Loftus - *Eyewitness Testimony*. Harvard University Press: Cambridge, 1979.

29 K. A. Wade, M. Garry, J. D. Read & D. S. Lindsay - `A picture is worth a thousand lies: Using false photographs to create false childhood memories', *Psychonomic Bulletin and Review* #9, pages 597-603. 2002.

30 K. A. Braun, R. Ellis & E. F. Loftus - `Make my memory: How advertising can change our memories of the past', *Psychology acid Marketing* #19, 1-23. 2002.

31 E. F. Loftus & J. E. Pickrell - `The formation of false memories', *Psychiatric Annals* #25, pages 720-5. 1995.

32 1. E. Hyman, T. H. Husband & F. J. Billings - `False memories of childhood experiences', *Applied Cognitive Psychology* #9, pages 181-95. 1995.

33 J. Jastrow - `Psychological notes upon sleight-of-hand experts', *Science*, pages 685-9. 8 May 1896.

34 R. Wiseman & E. Greening - `It's still bending': Verbal suggestion and alleged psychokinetic metal bending. *British Journal of Psychology* #96(1), pages 115-27. 2005.

35 R. Wiseman, E. Greening & M. Smith - `Belief in the paranormal and suggestion in the seance room', *British Journal of Psychology* #94(3), pages 285-97. 2003.

第3章 任何事都有可能：靈異心理學

1 N. Lachenmeycr - *13: The World's Most Popular Superstition*. Profile Books: London, 2004.

2 J. McCallum - `Green cars, black cats, and lady luck', *Sports Illustrated* #68, pages 86-94. 8 February 1988.

3 D. W. Moore - `One in four Americans superstitious', Gallup Poll News Service, 13 October 2000.

4 S. Epstein - `Cognitive-experiential self theory: Implications for developmental psychology' in M. Gunnar & L. A. Sroufe (eds), *Self-processes and development. Minnesota symposia on child psychology,* vol. 23, pages 79-123. Erlbaum: Hillsdale, 1993.

5 T. Radford - `If you aren't born lucky, no amount of rabbits' feet will make a jot of difference', *Guardian*, page 15. 18 March 2003.

6 S. E. Peckham & P. G. Bhagwat - *Number 13: Unlucky/Lucky for Some.* Peckwat Publications: New Milton, Hampshire, 1993.

7 D. P. Phillips, G. C. Liu, K. Kwok, J. R. Jarvinen, W. Zhang & I. S. Abramson - `The *Hound of the Baskervilles* effect: Natural experiment on the influence of psychological stress on timing of death', *British Medical Journal* #323, pages 1443-6. 2001.

8 G. Smith - `Scared to death?', *British Medical Journal* #325, pages 1442-3. 2002.

— N. S. Panesar, N. C. Y. Chan, S. N. Li, J. K. Y. Lo, V. W. Y. Wong, I. B. Yang & E. K. Y. Yip - `Is four a deadly number for the Chinese?', *Medical Journal of Australia* #179(11/12), pages 656-8 2003.

9 T. J. Scanlon, R. N. Luben, F. L. Scanlon & N. Singleton - `Is Friday the 13th bad for your health?', *British Medical Journal* #307, pages 1584-6. 1993.

10 S. Nayha - `Traffic deaths and superstition on Friday the 13th', *American Journal of Psychiatry* #159, pages 2110-11. 2002.

This work has generated the following debate: I. Radun & H. Summala - `Females do not have more injury road accidents on Friday the 13th', *BMC Public Health* #4(1), page 54. 2004.

— D. F. Smith - `Traffic accidents and Friday the 13th', *American Journal of Psychiatry* #161(11), page 2140. 2004.

— S. Nayha - `Dr Nayha replies', *American Journal of Psychiatry* #161, page 2140. 2004.

11 K. Kaku - `Increased induced abortion rate in 1966, an aspect of a Japanese folk superstition', *Annals of Human Biology* #2 (2), pages 111-15. 1975.

12 K. Kaku & Y. S. Matsumoto - `Influence of a folk superstition on fertility of Japanese in California and Hawaii, 1966', *American Journal of Public Health*, #65(2), pages 170-4. 1966.

13 K. Kaku - `Were girl babies sacrificed to a folk superstition in 1966 in Japan?', *Annals of Human Biology* #2(4), pages 391-3. 1975.

14 K. Hira, T. Fukui, A. Endoh, M. Rahman, M. Maekawa - `Influence of superstition on the date of hospital discharge and medical cost in Japan: Retrospective and descriptive study', *British Medical Journal* #317, pages 1680-3. 1998.

15 D. O'Reilly & M. Stevenson - `The effect of superstition on the day of discharge from maternity units in Northern Ireland: A Saturday flit is a short sit', *Journal of Obstetrics and Gynecology* #20, pages 139-41. 2000.

— E. M. Keane, P. O'Leary & J. B. Walsh - `Saturday flit, short sit: A strong influence of a superstition on the timing of hospital discharges?', *Irish Medical Journal* #90, page 28. 1997.

16 P. Haining - *Superstitions*. Sidgwick & Jackson Ltd: London, 1979.

17 M. D. Smith, R. Wiseman & P. Harris - `Perceived luckiness and the UK National Lottery', *Proceedings of the 40th Annual Convention of the Parapsychological Association*, pages 387-98. UK, 1997.

18 M. Levin - `Do Black Cats Cause Bad Luck?' Winner of the Joel Serebin Memorial Essay Contest organized by the New York Area Skeptics. Available at *www.petcaretips. net/black_cat_luck*.

19 W. Coates, D. Jehle & E. Cottington - `Trauma and the full moon: A waning theory', *Annals of Emergency Medicine* #18, pages 763-5. 1989.

— A review of other potential lunacy effects can be found in J. Rotton & I. W. Kelly - `Much ado about the full moon: A meta-analysis of lunar-lunacy research', *Psychological Bulletin*, #97(2), pages 286-306. 1985.

20 D. F. Danzl - `Lunacy', *Journal of Emergency Medicine* #5(2), pages 91-5. 1987.

21 A. Ahn, B. K. Nallamothu & S. Saint - "We're jinxed" – are residents' fears of being jinxed during an on-call day founded?', *American Journal of Medicine* #112(6), page 504. 2002.

22 P. Davis & A. Fox - `Never say the "Q" word', *StudentBMJ* #10, pages 353-96. 2002.

23 Much of the information in this section is discussed in N. Lachenmeyer - *13: The World's Most Popular Superstition*. Profile Books: London, 2004.

24 R. G. Ingersoll - `Toast: The superstitions of public men', Thirteen Club Dinner, 13 December 1886.

25 B. Malinowski - *Argonauts of the Western Pacific*. E. P. Dutton & Co. Inc.: New York, 1922.

26 V. R. Padgett & D. O. Jorgenson - `Superstition and economic threat: Germany, 1918-1940', *Personality and Social Psychology Bulletin* #8, pages 736-74. 1982.

27 G. Keinan - `Effects of stress and tolerance of ambiguity on magical thinking', *Journal of Personality and Social Psychology* #67(1), pages 48-55. 1994.

28 C. Nemeroff & P. Rozin - `The contagion concept in adult thinking in the United States: Transmission of germs and interpersonal influence', *Ethos* #22, pages 158-86. 1994.

Related work is described in the article by P. Rozin, L. Millman & C. Nemeroff - `Operation of the laws of sympathetic magic in disgust and other domains', *Journal of Personality and Social Psychology* #50, pages 703-12. 1986.

29 J. Henry - `Coincidence experience survey', *Journal of the Society for Psychical Research*, #59(831), pages 97-108. 1993.

30 S. Milgram - *Obedience to authority: An experimental view*. Harper & Row: New York, 1974.

31 C. L. Sheridan & R. G. King Jr. - `Obedience to authority with an authentic victim', *Proceedings of the 80th Annual Convention of the American Psychological Association*, pages 165-6. 1972.

32 Described in T. Blass - *The man who shocked the world: The life and legacy of Stanley Milgram*. Basic Books: New York, 2004.

33 S. Milgram - `The small-world problem', *Psychology Today* #1, pages 61-7. 1967.

— J. Travers & S. Milgram - `An experimental study of the small world problem', *Sociometry* #32, pages 425-43. 1969.

34 D. Watts - *Small Worlds: The Dynamics of Networks Between Order and Randomness*. Princeton University Press: Princeton, 1999.

35 J. A. Paulos - *A Mathematician Reads the Newspaper*. Penguin Books: London, 1995.

36 R. Wiseman - 'It really is a small world that we live in', *Daily Telegraph*, page 16, 4 June 2003.

37 D. Derbyshire - 'Physics too hot for a fire walker's feat', *Daily Telegraph*, page 17, 23 March 2000.

38 R. Wiseman, C. Watt, P. Stevens, E. Greening & C. O'Keeffe - 'An investigation into alleged "hauntings"', *The British Journal of Psychology* #94, pages 195-211. 2003.

39 R. Lange & J. Houran - 'Context-induced paranormal experiences: Support for Houran and Lange's model of haunting phenomena', *Perceptual and Motor Skills* #84, pages 1455-8. 1997.

40 V. Tandy & T. Lawrence - 'The ghost in the machine', *Journal of the Society for Psychical Research* #62, pages 360-4. 1998.

41 S. Angliss, GeNIA, C. O'Keeffe, R. Wiseman & R. Lord - 'Soundless music', in B. Arends & D. Thackara (eds), *Experiments: Conversations in art and science*, pages 139-71; quote from page 152. The Wellcome Trust: London, 2003.

42 A. Watson & D. Keating - 'Architecture and sound: An acoustic analysis of megalithic monuments in prehistoric Britain', *Antiquity* #73, pages 325-36. 1999.

43 P. Devereux - *Stone Age Soundtracks: The Acoustic Archaeology of Ancient Sites*. Vega Books: London, 2002.

第4章　打定主意：決策心理學

1 T. E. Moore - 'Subliminal perception: Facts and fallacies', *Skeptical Inquirer* #16, pages 273-81. 1992.

— A. Pratkanis - 'The cargo cult science of subliminal persuasion', *Skeptical Inquirer* #16, pages 260-72. 1992.

2 S. A. Lowery & M. L. DeFleur - *Milestones in Mass Communication Research: Media Effects* (3rd ed.). The information in this section is from the chapter 'Project Revere: Leaflets as a Medium of Last Resort'. Longman: White Plains, 1995.

3 M. L. DeFleur & R. M. Petranoff - 'A televised test of subliminal persuasion', *Public Opinion Quarterly* #23, pages 168-80. 1959.

4   B. Beyerstein - `Subliminal self-help tapes: Promises, promises ...', *Rational Enquirer* #6(1), 1993.

5   E. Eich & R. Hyman - `Subliminal self-help' in D. Druckman & R. Bjork (eds), *In the Mind's Eye: Enhancing Human Performance*, pages 107-19. National Academy Press: Washington DC, 1991.

6   P. M. Merikle & H. Skanes - `Subliminal self-help audio tapes: A search for placebo effects', *Journal of Applied Psychology* #77, pages 772-6. 1992.

7   S. Lenz - `The effect of subliminal auditory stimuli on academic learning and motor skills performance among police recruits', unpublished doctoral dissertation, California School of Professional Psychology, Los Angeles, California, 1989.

8   B. Buchanan & J. L. Bruning - `Connotative meanings of first names and nicknames on three dimensions', *Journal of Social Psychology* #85, pages 143. 1971.

9   A. A. Hartman, R. C. Nicolay & J. Hurley - `Unique personal names as a social adjustment factor', *Journal of Social Psychology* #75, pages 107-10. 1968. Heldref Publications. Reprinted with permission.

10 H. Harari & J. W. McDavid - `Name stereotypes and teachers' expectations', *Journal of Educational Psychology* #65, pages 222-5. 1973.

11 W. F. Murphy - `A note on the significance of names', *Psychoanalytical Quarterly* #26, pages 91-106. 1957.

12 N. Christenfeld, D. P. Phillips & L. M. Glynn - `What's in a name: Mortality and the power of symbols', *Journal of Psychosomatic Research*, #47(3), pages 241-54. 1999.

13 G. Smith & S. Morrison - `Monogrammic Determinism?', *Psychosomatic Medicine* #67, pages 820-4. 2005.

14 R. L. Zweigenhaft - `The other side of unusual names', *Journal of Social Psychology* #103, pages 291-302. 1997. Heldref Publications. Reprinted with permission.

15 B. W. Pelham, M. C. Mirenberg & J. K. Jones - `Why Susie sells seashells by the seashore: Implicit egotism and major life decisions', *Journal of Personality and Social Psychology* #82, pages 469-87. 2002.

16 J. T. Jones, B. W. Pelham, M. Carvallo & M. C. Mirenberg -'How do I love thee? Let me count the Js: Implicit egotism and interpersonal attraction', *Journal of Personality and Social Psychology* #87(5), pages 655-83. 2004.

17 L. Casler - `Put the blame on name', *Psychological Reports* #36, pages 467-72. 1975.

18 J. A. Bargh, M. Chen & L. Burrows - `Automaticity of social behavior: Direct effects of trait construct and stereotype priming on action', *Journal of Personality and Social Psychology* #71, pages 230-44. 1996.

19 A. Dijksterhuis & A. van Knippenberg - `The relation between perception and behavior, or how to win a game of Trivial Pursuit', *Journal of Personality and Social Psychology* #74(4), pages 865-77. 1998.

20 N. Gueguen - `The effects of a joke on tipping when it is delivered at the same time as the bill', *Journal of Applied Social Psychology* #32, pages 1955-63. 2002.

21 N. Gueguen & P. Legoherel - `Effect on tipping of barman drawing a sun on the bottom of customers' checks', *Psychological Reports* #87, pages 223-6. 2000.

— K. L. Tidd & J. S. Lockard - `Monetary significance of the affiliative smile: A case for reciprocal altruism', *Bulletin of the Psychonomic Society* #11, pages 344-6. 1978.

— B. Rind & P. Bordia - `Effect of server's "Thank You" and personalization on restaurant tipping', *Journal of Applied Social Psychology*, #25(9), pages 745-51. 1995.

22 M. R. Cunningham - `Weather, mood, and helping behavior: Quasi experiments with the sunshine Samaritan', *Journal of Personality and Social Psychology* #37, pages 1947-56. 1979.

— B. Rind & D. Strohmetz - `Effects of beliefs about future weather conditions on tipping', *Journal of Applied Social Psychology* #31(2), pages 2160-4. 2001.

23 K. Garrity & D. Degelman - `Effect of server introduction on restaurant tipping', *Journal of Applied Social Psychology* #20, pages 168-72. 1990.

— K. M. Rodrigue - `Tipping tips: The effects of personalization on restaurant gratuity', Master's thesis, Division of Psychology and Special Education, Emporia State University, 1999.

24 A. H. Crusco & C. G. Wetzel - `The Midas Touch: The effects of interpersonal touch on restaurant tipping', *Personality and Social Psychology Bulletin* #10, pages 512-17. 1984.

25 C. S. Areni & D. Kim - `The influence of background music on shopping behavior: Classical versus top-forty music in a wine store', *Advances in Consumer Research* #20, pages 336-40. 1993.

26 J. N. Rogers - *The Country Music Message*. University of Arkansas Press, 1989.

27 S. Stack & J. Gundlach - `The effect of country music on suicide', *Social Forces* #71(1), pages 211-18. 1992.

28 This controversial finding has been discussed in the following papers:

— E. R. Maguire & J. B. Snipes - `Reassessing the link between country music and suicide', *Social Forces* #72(4), pages 1239-43. 1994.

— S. Stack & J. Gundlach - `Country music and suicide: A reply to Maguire and Snipes', *Social Forces* #72(4), pages 1245-8. 1994.

— G. W. Mauk, M. J. Taylor, K. R. White & T. S. Allen - `Comments on Stack and Gundlach's "The effect of country music on suicide": An "achy breaky heart" may not kill you', *Social Forces* #72(4), pages 1249-55. 1994.

— S. Stack & J. Gundlach - `Psychological versus sociological perspectives on suicide: A reply to Mauk, Taylor, White, and Allen', *Social Forces* #72(4), pages 1257-61. 1994.

— J. B. Snipes & E. R. Maguire - `Country music, suicide, and spuriousness', *Social Forces* #74, pages 327-9. 1995.

— S. Stack & J. Gundlach - `Country Music and Suicide - Individual, Indirect, and Interaction Effects: A Reply to Snipes and Maguire', *Social Forces* #74(1), pages 331-5. 1995.

29 D. P. Phillips - `The influence of suggestion on suicide: Substantive and theoretical implications of the Werther Effect', *American Sociological Review* #39, pages 340-54. 1974.

— id. - `Motor vehicle fatalities increase just after a publicised suicide story', *Science* #196, pages 1464-5. 1977.

— id. - `Airplane accident fatalities increase just after newspaper stories about murder and suicide', *Science* #201, pages 748-50. 1978.

— id. - `Suicide, motor vehicle fatalities, and the mass media: Evidence towards a theory of suggestion', *American Journal of Sociology* #84, pages 1150-74. 1979.

— id. - `Airplane accidents, murder, and the mass media: Towards a theory of imitation and suggestion', *Social Forces* #58(4), pages 1000-24. 1980.

— id. - `The impact of fictional television stories on US adult fatalities: New evidence on the effect of the mass media on violence', *American Journal of Sociology* #87(6), pages 1340-59. 1982.

— id. - `The impact of mass media violence on US homicides', *American Sociological Review* #48, pages 560-8. 1983.

30 S. Stack - `Media coverage as a risk factor in suicide', *Journal of Epidemiology and Community Health* #57, pages 238-40. 2003.

31 L. F. Martel & H. B. Biller - *Stature and Stigma*. Lexington Books: Lexington, 1987.

32 B. Pawlowski, R. I. Dunbar & A. Lipowicz - `Tall men have more reproductive success', *Nature* #403(6766), page 156. 2000.

33 T. Gregor - *The Mehinaku: The Dream of Daily Life in a Brazilian Indian Village*. University of Chicago Press: Chicago, 1977.

34 T. A. Judge & D. M. Cable - `Effect of physical height on workplace success and income: Preliminary test of a theoretical model', *Journal of Applied Psychology* #89(3), pages 428-41. 2004.

35 P. R. Wilson - `Perceptual distortion of height as a function of ascribed academic status', *Journal of Social Psychology* #74, pages 97-102. 1968.

36 H. H. Kassarjian - `Voting intentions and political perception', *Journal of Psychology* #56, pages 85-8. 1963.

37 P. A. Higham & W. D. Carment - `The rise and fall of politicians: The judged heights of Broadbent, Mulroney and Turner before and after the *1988* Canadian federal election', *Canadian Journal of Behavioral Science* #24, pages 404-9. 1992.

38 R. Highfield - `Politicians: this is how we see them', *Daily Telegraph*, pages 22-3. 21 March 2001.

— R. Wiseman - `A short history of stature', *Daily Telegraph*, page 22. 21 March 2001.

39 R. J. Pellegrini - `Impressions of the male personality as a function of beardedness', *Psychology* #10, pages 29-33. 1973.

40 A. Todorov, A. N. Mandisodza, A. Goren & C. C. Hall - `Inferences of competence from faces predict election outcomes', *Science #308*, pages 1623-6. 2005.

41 J. E. Stewart II - `Defendants' attractiveness as a factor in the outcome of trials', *Journal of Applied Social Psychology #10*, pages 348-61. 1980.

42 R. B. Cialdini - *Influence: Science and Practice*. Allyn & Bacon: Needham Heights, MA, 2001.

43 S. M. Smith, W. D. McIntosh & D. G. Bazzini - `Are the beautiful good in Hollywood? An analysis of stereotypes on film', *Basic and Applied Social Psychology #21*, pages 69-81. 1999.

44 D. G. Dutton & A. P. on - `Some evidence for heightened sexual attraction under conditions of high anxiety', *Journal of Personality and Social Psychology #30*, pages 510-17. 1974.

45 C. Bale, R. Morrison & P. G. Caryl - `Chat up lines as male sexual displays', *Personality and Individual Differences #40*, pages 655-64. 2006.

46 B. Fraley & A. on - `The effect of a shared humorous experience on closeness in initial encounters', *Personal Relationships #11*, pages 61-78. 2004.

47 J. E. Smith & V. A. Waldorf - "Single white male looking for thin, very attractive..."*Sex Roles #23*, pages 675-85. 1990.

第5章　科學化搜尋全球最爆笑的笑話：幽默心理學

1 H. R. Pollio & J. W. Edgerly - `Comedians and comic style', in A. J. Chapman & H. C. Foot (eds) *Humor and Laughter: Theory, Research, and Applications*. pages 215-44. Transaction: New Jersey, 1996.

2 C. Davies - `Jewish jokes, anti-Semitic jokes and Hebredonian jokes', in A. Ziv (ed.), *Jewish Humour*, pages 59-80. Papyrus Publishing House: Tel Aviv, 1986.

3 H. A. Wolff, C. E. Smith & H. A. Murray - `The Psychology of humor: 1. A study of responses to race-disparagement jokes', *Journal of Abnormal and Social Psychology #28*, pages 345-65. 1934.

4 J. Morreall - *Taking Laughter Seriously*. State University of New York Press: Albany, 1983.

5   G. R. Maio, J. M. Olson, & J. Bush - `Telling jokes that disparage social groups: Effects on the joke teller's stereotypes', *Journal of Applied and Social Psychology* #27(22), pages 1986-2000. 1997.

6   B. Seibt & J. Forster - `Risky and careful processing under stereotype threat: How regulatory focus can enhance and deteriorate performance when self stereotypes are active', *Journal of Personality and Social Psychology* #87, pages 38-56. 2004.

7   R. Provine - *Laughter: A Scientific Investigation*. Viking: New York, 2000.

8   M. Middleton & J. Moland - `Humor in Negro and White subcultures: A study of jokes among university students', *American Sociological Review* #24, pages 61-9. 1959.

9   P. J. Castell & J. H. Goldstein - `Social occasions of joking: A cross cultural study' in A. J. Chapman & H. C. Foot (eds), *It's a Funny Thing, Humour*, pages 193-7. Pergamon Press: Oxford, 1976.

10 J. B. Levine - `The feminine routine', *Journal of Communication* #26, pages 173-5. 1976.

11 L. La Fave, J. Haddad & W. A. Maesen - `Superiority, enhanced self-esteem, and perceived incongruity humour theory' in T. Chapman & H. Foot (eds), *Humor and Laughter: Theory, Research and Applications*, pages 63-91. Transaction: New Jersey. Copyright c. 1996 by Transaction. Reprinted with permission of the publisher.

12 Sir Harry Kroto originally presented us with a version of the joke in broad Glaswegian. As we knew that the material in *LaughLab* would be read by people across the world, we created a version that would allow a much larger number of people to appreciate the joke. Sir Harry Kroto's original entry, which he much prefers, is reproduced below.

A guy is walking along the road in Glasgow and sees a man with a humungous great dog on the other side of the street. He goes over and says, `Hey Jimmy, dis yer dawg byte?'

The man says, `Nu.'

So the guy pats the dog on the head, whereupon the dog snaps, and bites off a couple of fingers. `Grrrrwrwrwrwrrfraarrrrrrrrrrggggggggklle . . . umph.

The guy screams, `Aaaghgee,' as blood streams from his hand, and shouts, `A tawt yer said yer dawg dusna byte.'

The man says quietly with a look of calm diffidence, `Sna ma dawg.'

13 K. Binsted & G. Ritchie - `Computational rules for punning riddles', *Humor: International Journal of Humor Research* #10(1), pages 25-76. 1997.

14 M. Le Page - `Women's orgasms are a turn-off for the brain', *New Scientist*, page 14, 25 June 2005.

15 H. H. Brownell & H. Hardner - `Neuropsychological insights into humour' in J. Durant and J. Miller (eds), *Laughing Matters: A Serious Look at Humour*, pages 17-35. Longman: Harlow, 1988.

16 T. Friend - `What's so funny?' *New Yorker*, pages 78-93. 11 November 2002.

17 D. Barry - `Send in your weasel jokes', *International Herald Tribune*. 19-20 January 2002.

18 id. - *Dave Barry Talks Back*. See chapter entitled `Introducing: Mr Humor Person'. Crown Publishers, Inc.: New York, 1991.

19 F. Strack - `Inhibiting and facilitating conditions of the human smile: A nonobtrusive test of the facial feedback hypothesis', *Journal of Personality and Social Psychology* #54(5), pages 768-77. 1988.

20 V. B. Hinsz & J. A. Tomhave - `Smile and (half) the world smiles with you, frown and you frown alone', *Personality and Social Psychology Bulletin* #17(5), pages 586-92. 1991.

21 A. M. Rankin & P. J. Philip - `An epidemic of laughing in the Bukoba District of Tanganyika', *Central African Journal of Medicine* #9, pages 167-70. 1963.

22 S. S. Janus - The great comedians: Personality and other factors', *The American Journal of Psychoanalysis* #35, pages 169-74. 1975. Quote reproduced with kind permission of Springer Science and Business Media.

23 S. Fisher & R. L. Fisher - *Pretend the World is Funny and Forever: A psychological analysis of comedians, clowns, and actors*. Lawrence Erlbaum Associates: Hillsdale, 1981.

24 J. Roston - `Trait humor and longevity: Do comics have the last laugh?' *Health Psychology* #11(4), pages 262-6. 1992.

25 H. M. Lefcourt - `Humor', in C. R. Snyder & S. J. Lopez (eds), *Handbook of Positive Psychology*, pages 619-31. Oxford University Press: Oxford, 2005.

26 H. Lefcourt, K. Davidson-Katz & K. Kueneman - `Humor and immune system functioning', *International Journal of Humor Research* #3, pages 305-21. 1990.

27 J. Rotton & M. Shats - `Effects of state humor, expectancies, and choice on postsurgical mood and self-medication: A field experiment', *Journal of Applied Social Psychology* #26, pages 1775-94. 1996.

28 H. M. Lefcourt, K. Davidson, R. Shepherd, M. Phillips, K. Prkachin & D. Mills - `Perspective-taking humor: Accounting for stress moderation', *Journal of Social and Clinical Psychology* #14, pages 373-91. 1995.

29 D. Keltner & G. A. Bonanno - `A study of laughter and dissociation: Distinct correlates of laughter and smiling during bereavement', *Journal of Personality and Social Psychology* #73, pages 687-702. 1997.

— G. A. Bonanno & D. Keltner - `Facial expressions of emotion and the course of conjugal bereavement', *Journal of Abnormal Psychology* #106, pages 126-37. 1997.

30 V. Saroglou - `Sense of humor and religion: An a priori incompatibility? Theoretical considerations from a psychological perspective', *Humor: International Journal of Humor Research* #15, pages 191-214. 2002.

31 id. - `Religiousness, religious fundamentalism, and quest as predictors of humor creation', *International Journal for the Psychology of Religion* #12, pages 177-88. 2002.

32 V. Saroglou & J. M. Jaspard - `Does religion affect humour creation? An experimental study'. *Mental Health, Religion, and Culture* #4, pages 33-46. 2001.

33 H. J. Eysenck - `National differences in "sense of humor": Three experimental and statistical studies', *Journal of Personality* #13(1), pages 37-54. 1944.

34 T. Radford - `Don't gag on it, but this is what has us all in stitches', *Guardian*, page 6. 4 October 2003.

第6章 聖人或罪人：自私心理學

1 R. T. LaPiere - `Attitudes versus actions', *Social Forces* #13(2), pages 230-7. 1934.

2 J. Trinkaus - `Color preference in sport shoes: An informal look', *Perceptual and Motor Skills* #73, pages 613-14. 1991.

3 id. - `Television station weather-persons' winter storm predictions: An informal look', *Perceptual and Motor Skills* #79, pages 65-6. 1994.

4 id. - `Wearing baseball-type caps: An informal look', *Psychological Reports* #74(2), pages 585-6. 1994.

5 id. - `The demise of "Yes": An informal look', *Perceptual and Motor Skills* #84, page 866. 1997.

6 id. - `Preconditioning an audience for mental magic: An informal look', *Perceptual and Motor Skills* #51, page 262. 1980.

7 id. - `The attache case combination lock. An informal look', *Perceptual and Motor Skills* #72, page 466. 1991.

8 R. P. Feynman - *Surely You're Joking, Mr Feynman!*. Random House: London, *1992*.

9 J. Trinkaus - `Gloves as vanishing personal "stuff": An informal look', *Psychological Reports* #84, pages 1187-8. 1999.

10 M. S. C. Lim, M. E. Hellard & C. K. Aitken - `The case of the disappearing teaspoons: Longitudinal cohort study of the displacement of teaspoons in an Australian research institute', *British Medical Journal* #331, pages 1498-1500. 2005.

11 B. Herer - `Disappearing teaspoons', *British Medical Journal* #332, page 121. 2006.

12 J. Trinkaus - `Compliance with the item limit of the food supermarket express checkout lane: An informal look', *Psychological Reports* #73, pages 105-6. 1993.

13 id. - `Compliance with the item limit of the food supermarket express checkout lane: Another look', *Psychological Reports* #91, pages 1057-8. 2002.

14 id. - `School zone limit dissenters: An informal look', *Perceptual and Motor Skills* #88, pages 1057-8. 1999.

15 id. - `Stop sign compliance: An informal look', *Psychological Reports* #89, pages 1193-4. 1999.

16 id. - `Blocking the box: An informal look', *Psychological Reports* #89, pages 315-16. 2001.

17 id. - `Shopping center fire zone parking violators: An informal look', *Perceptual and Motor Skills* #95, pages 1215-16. 2002.

18 US News - `Oprah: A heavenly body? Survey finds talk-show host a celestial shoo-in', page 18. 31 March 1997.

19 S. A. Hellweg, M. Pfau & S. B. Brydon - `*Televised presidential debates: Advocacy in contemporary America*'. Praeger: New York, 1992.

20 P. Jaret - `Blinking and thinking', *In Health* #4(4), pages 36-7. 1990.

21 J. J. Tecce - `Body language in Presidential debates as a predictor of election results: 1960-2004', unpublished report, Boston College, 2004.

22 P. Suedfeld, S. Bochner & D. Wnek - `Helper-sufferer similarity and a specific request for help: Bystander intervention during a peace demonstration', *Journal of Applied Social Psychology* #2, pages 17-23. 1972.

23 J. P. Forgas - `An unobtrusive study of reactions to national stereotypes in four European countries', *Journal of Social Psychology* #99, pages 37-42. 1976.

24 A. N. Doob & A. E. Gross - `Status of frustrator as an inhibitor of horn-honking responses', *Journal of Social Psychology* #76, pages 213-18. 1968.

25 F K. Heussenstamm - `Bumper stickers and the cops', *Transaction* #8, pages 32-3. 1971.

26 J. M. Burger, N. Messian, S. Patel, A. del Prado & C. Anderson - `What a coincidence! The effects of incidental similarity on compliance', *Personality and Social Psychology Bulletin* #30, pages 35-43. 2004.

27 J. F. Finch & R. B. Cialdini - `Another indirect tactic of (self-)image management', *Personality and Social Psychology Bulletin* #15, pages 222-32. 1989.

28 S. Milgram & R. L. Shotland - *Television and Antisocial Behaviour: Field Experiments*. Academic Press: New York, 1973.

29 Both of these surveys are cited in Milgram & Shotland 1973.

30 A. Huston, E. Donnerstein, H. Fairchild, N. D. Feshbach, P. A. Katz, J. P. Murray, E. A. Rubinstein, B. L. Wilcox & D. Zuckerman – *Big World, Small Screen: The Role of Television in American Society*, University of Nebraska Press: Lincoln, 1992.

31 S. Milgram - `The lost-letter technique', *Psychology Today* #3(3), pages 32-3, 66, 68. 1969.

32 F. S. Bridges & P. C. Thompson - `Impeachment affiliation and levels of response to lost letters', *Psychological Reports* #84, pages 828-31. 1999.

33 B. J. Bushman & A. M. Bonacci - `You've got mail: Using e-mail to examine the effect of prejudiced attitudes on discrimination against Arabs', *Journal of Experimental Social Psychology* #40, pages 753-9. 2004.

34 V. Saroglou, I. Pichon, L. Trompette, M. Verschueren & R. Dernelle- `Prosocial behavior and religion: New evidence based on projective measures and peer ratings', *Journal for the Scientific Study of Religion* #44, pages 323-48. 2005.

35 Quote reproduced with permission of authors and publisher from: G. B. Forbes, K. T. Vault & H. F. Gromoll - `Willingness to help strangers as a function of liberal, conservative or catholic church membership: A field study with the lost-letter technique', *Psychological Reports* #28, pages 947-9. © Psychological Reports 1971.

36 J. M. Darley & C. D. Batson - "From Jerusalem to Jericho": A study of situational and dispositional variables in helping behavior', *Journal of Personality and Social Psychology* #27, pages 100-8 1973.

37 R. Levine, T. Martinez, G. Brase & K. Sorenson - `Helping in 36 US cities', *Journal of Personality and Social Psychology* #67, pages 69-81. 1994.

38 R. V. Levine, A. Norenzayan & K. Philbrick - `Cross-cultural differences in helping strangers', *Journal of Cross-Cultural Psychology* #32, pages 543-60. 2001.

39 S. Milgram - `The experience of living in cities', *Science* #167, pages 1461-8. 1970.

40 R. V. Levine & A. Norenzayan - `The pace of life in 31 countries', *Journal of Cross-Cultural Psychology* #30, pages 178-205. 1999.

41 R. V. Levine, K. Lynch, K. Miyake & M. Lucia - `The type A city: Coronary heart disease and the pace of life', *Journal of Behavioral Medicine* #12, pages 509-24. 1989.

42 J. A. M. Farver, B. Welles-Nystrom, D. L. Frosch, S. Wimbarti & S. Hoppe-Graff - `Toy Stories: Aggression in Children's Narratives in the United States, Sweden, Germany, and Indonesia', *Journal of Cross-Cultural Psychology* #28(4), pages 393-420. 1997.

43 P. G. Zimbardo - `The human choice: Individuation, reason, and order versus deindividuation, impulse, and chaos' in W. J. Arnold and D. Levine (eds), 1969 *Nebraska Symposium on Motivation*, pages 237-307. University of Nebraska Press: Lincoln, NE, 1970.

44 id. - `Foreword', in S. Milgram, J. Sabini, and M. Silver (eds), *The Individual in the Social World: Essays and Experiments, 2nd Edition*, pages ix-xi. McGraw-Hill: New York, 1992.

45 J. L. Freedman & S. C. Fraser - `Compliance without pressure: The foot-in-the-door technique', *Journal of Personality and Social Psychology* #4, pages 196-202. 1966.

結語

1   Due to logistical issues, the measurements in New York and Croatia were taken between 11.30 a.m. and 2 p.m. on 1 October 2006, and S September 2006, respectively.

2   The mean walking times (in seconds) were as follows: Singapore, 10.55; Copenhagen, 10.82; Madrid, 10.89; Guangzhou, 10.94; Dublin, 11.03; Curitiba, 11.13; Berlin, 11.16; New York, 12.00; Utrecht, 12.04; Vienna, 12.06; Warsaw, 12.07; London, 12.17; Zagreb, 12.20; Prague, 12.35; Wellington, 12.62; Paris, 12.65; Stockholm, 12.75; Ljubljana, 12.76; Tokyo, 12.83; Ottawa, 13.72, Harare, 13.92; Sofia, 13.96; Taipei, 14.00; Cairo, 14.18; Sana'a, 14.29; Bucharest, 14.36; Dubai, 14.64; Damascus, 14.94; Amman, 15.95; Bern, 17.37; Manama, 17.69; Blantyre, 31.60.

化解全球普遍的「宴會枯燥症」

1   I made this bit up.

怪咖心理學之史上最ㄅㄧㄤ實驗，用科學揭露你內心的真實想法
Quirkology: How We Discover The Big Truths In Small Things

作　　　者	李察·韋斯曼 Richard Wiseman	
譯　　　者	洪慧芳	
美 術 設 計	巫麗雪	
內 頁 構 成	高巧怡	
行 銷 企 劃	陳慧敏·蕭浩仰	
行 銷 統 籌	駱漢琦	
業 務 發 行	邱紹溢	
營 運 顧 問	郭其彬	
校　　　對	林金源	
責 任 編 輯	何維民	
總 編 輯	李亞南	
出　　　版	漫遊者文化事業股份有限公司	
地　　　址	台北市松山區復興北路331號4樓	
電　　　話	(02) 2715-2022	
傳　　　真	(02) 2715-2021	
服 務 信 箱	service@azothbooks.com	
網 路 書 店	www.azothbooks.com	
臉　　　書	www.facebook.com/azothbooks.read	
營 運 統 籌	大雁文化事業股份有限公司	
地　　　址	台北市松山區復興北路333號11樓之4	
劃 撥 帳 號	50022001	
戶　　　名	漫遊者文化事業股份有限公司	
三 版 一 刷	2023年2月	
定　　　價	台幣420元	

ISBN　978-986-489-754-4

有著作權·侵害必究

本書如有缺頁、破損、裝訂錯誤，請寄回本公司更換。

Original title: Ouirkology: how we discover the big truths in small things
Copyright © Richard Wiseman 2007
First published 2007 by Macmillan, an imprint of Pan Macmillan Ltd.
Arranged with Andrew Nurnberg Associates International Limited.
Complex Chinese edition copyright © 2008 by Azoth Books.
All rights reserved.

國家圖書館出版品預行編目 (CIP) 資料

怪咖心理學之史上最ㄅㄧㄤ實驗，用科學揭露你內心的真實想法 / 李察. 韋斯曼(Richard Wiseman) 著；洪慧芳譯. -- 三版. -- 臺北市：漫遊者文化事業股份有限公司出版：大雁文化事業股份有限公司發行, 2023.02
　面；　公分
譯自：Quirkology : how we discover the big truths in small things.
ISBN 978-986-489-754-4(平裝)
1.CST: 通俗心理學 2.CST: 應用心理學
177　　　　　　　　　　112000169

本書原名：
怪咖心理學：史上最搞怪的心理學實驗，讓你徹底看穿人心

azoth books 漫遊者

漫遊，一種新的路上觀察學
www.azothbooks.com
 漫遊者文化

遍路文化 on the road

大人的素養課，通往自由學習之路
www.ontheroad.today
 遍路文化·線上課程